CAHIERS

▶ n° 165 / 2ᵉ trimestre 2021

PHILOSOPHIQUES

CAHIERS PHILOSOPHIQUES
est une publication de la Librairie Philosophique J. Vrin
6, place de la Sorbonne
75005 Paris
www.vrin.fr
contact@vrin.fr

Directeur de la publication
DENIS ARNAUD

Rédactrice en chef
NATHALIE CHOUCHAN

Comité scientifique
BARBARA CASSIN
ANNE FAGOT-LARGEAULT
FRANCINE MARKOVITS
PIERRE-FRANÇOIS MOREAU
JEAN-LOUIS POIRIER

Comité de rédaction
ALIÈNOR BERTRAND
LAURE BORDONABA
MICHEL BOURDEAU
JEAN-MARIE CHEVALIER
MICHÈLE COHEN-HALIMI
JACQUES-LOUIS LANTOINE
BARBARA DE NEGRONI
STÉPHANE MARCHAND
SÉBASTIEN ROMAN

Sites internet
www.vrin.fr/cahiersphilosophiques.htm
http://cahiersphilosophiques.hypotheses.org
www.cairn.info/revue-cahiers-philosophiques.htm

Suivi éditorial
ÉMILIE BRUSSON

Abonnements
Tél. : 01 43 54 03 47 – Fax : 01 43 54 48 18
abonnements@vrin.fr

Vente aux libraires
Tél. : 01 43 54 03 10
comptoir@vrin.fr

La revue reçoit et examine tous les articles, y compris ceux qui sont sans lien avec les thèmes retenus pour les dossiers. Ils peuvent être adressés à : cahiersphilosophiques@vrin.fr. Le calibrage d'un article est de 45 000 caractères, précédé d'un résumé de 700 caractères, espaces comprises.

ISSN 0241-2799
ISSN numérique : 2264-2641
ISBN 978-2-7116-6017-9
Dépôt légal : janvier 2022
© Librairie Philosophique J. Vrin, 2022

SOMMAIRE

■ DOSSIER
VARIA

■ LES INTROUVABLES DES CAHIERS

■ PARUTIONS

DOSSIER

Varia

Y A-T-IL DU JEU DANS LES NORMES ET LES CONCEPTS ?
L'ajustement au cas concret

Isabelle Pariente-Butterlin

La question de la mise en œuvre de la loi a pu être pensée comme demandant l'ajustement de la loi au cas particulier. J'essaierai d'évaluer la mesure dans laquelle les nouveaux outils conceptuels proposés par la philosophie analytique, permettent de ressaisir cette question bien connue et tout à fait fondamentale de la philosophie, depuis sa discussion par Platon et Aristote. Depuis une dizaine d'années, les philosophes du droit américains – Endicott et Soames en particulier – se sont saisis de la question du « vague », épistémique et ontologique. Je propose de souligner certains résultats ainsi obtenus, tout en présentant les aspects métaphysiques sollicités par ces concepts. J'interrogerai donc le point de contact de la métaphysique contemporaine et de la philosophie du droit, pour montrer comment une question classique peut être reprise à nouveaux frais autour d'un exemple tout à fait spécifique, qui est celui de la négligence (dans la relation entre parents et enfants).

L es exigences auxquelles doivent répondre les lois pratiques sont-elles différentes de celles que nous avons dans le domaine épistémique ? Je propose d'envisager cette question en relisant une discussion bien connue, et fondamentale en philosophie du droit, à savoir le problème que pose à la généralité de la loi, la particularité du cas, et inversement. La perspective adoptée sur ce point bien connu mènera à comparer deux saisies qu'il est possible d'en faire, à deux moments différents de l'histoire de la philosophie. Cette comparaison permettra alors d'interroger l'apport des concepts contemporains et de les mettre en perspective avec ce qu'ils continuent d'interroger, à savoir le désaccord entre Platon et Aristote sur ce point. Le point de départ est la difficulté de passer de la généralité de la loi, telle que le législateur l'a formulée, au cas particulier. Ce dernier, en effet, semble être à ce point spécifique qu'il résiste à l'emprise de la loi et qu'il se dérobe pour partie à sa saisie. L'analyse que mène de ce point Aristote dans le livre V de *l'Éthique à Nicomaque* se sépare de celle de Platon dans le *Politique*.

Le problème ainsi posé, au sein de la philosophie du droit, excède ses frontières puisqu'il interroge directement la signification de ce que c'est qu'appliquer une loi c'est-à-dire de faire porter sur le concret, une abstraction, ou sur le particulier, une affirmation générale. Ce point obscur et complexe, délicat, de la mise en œuvre de la loi générale dans un cas particulier peut être compris comme une indétermination de la loi. Je relirai donc la position d'Aristote dans l'interprétation qu'en propose Pierre Aubenque pour faire apparaître un point en particulier : cette résistance que le cas concret particulier oppose à la loi générale abstraite reçoit chez Platon une explication épistémique, et une explication ontologique chez Aristote. En sorte qu'il est possible de lire cette discussion comme s'opposant sur le statut de l'indétermination, ontologique ou épistémique.

Or un point en particulier retiendra notre attention : les propositions contemporaines, formulées par les analyses de la métaphysique analytique en termes de vague, épistémique ou ontologique, propositions qui cernent précisément des zones d'indétermination dans la connaissance et dans le réel, pourront être sollicitées de par leur coïncidence même avec cette discussion. Après avoir souligné, dans un premier moment, la différence entre la position de Platon et celle d'Aristote à propos de cette indétermination, je montrerai par conséquent que cette distinction se retrouve, à propos de l'objet vague, qu'on peut analyser en termes de vague épistémique ou de vague ontologique. L'objet vague est un objet qui, à supposer qu'il existe, s'il existe, enfreindrait le principe aristotélicien de non-contradiction tel qu'il est formulé au livre Γ de la *Métaphysique*. Pour cette raison, il reste bien sûr à manipuler avec beaucoup de précautions. Il est important de faire apparaître, en même temps que ce qu'il apporte dans le débat philosophique, le coût conceptuel qui est le sien et que nous pourrions refuser de payer. Sans doute toute solution philosophique a-t-elle un coût à payer, et doit-elle être évaluée non pas seulement au regard de ce qu'elle nous permet de résoudre mais aussi au regard des problèmes qu'elle ne manquera pas d'entraîner à sa suite. Dans la comparaison entre les formulations contemporaines établies par la philosophie du droit à propos de l'indétermination de la loi, je montrerai ainsi qu'elles continuent à reposer sur les deux axes majeurs dessinés par le désaccord entre Platon et Aristote et j'interrogerai ce que permet de saisir la proposition ontologique en termes de vague et d'objet vague.

Car en dépit du coût conceptuel qu'il y a à penser l'objet vague, nous pourrions bien être amenés à l'accepter s'il s'avère en mesure de clarifier un certain nombre de difficultés et si donc la dynamique de la résolution entraînait de ce côté. Ma proposition est évidemment que supposer l'objet vague et l'intégrer au raisonnement permet d'avancer dans la compréhension de l'application de la loi générale au cas particulier, et qu'il permet de comprendre cet ajustement nécessaire de l'abstraction de la loi au cas concret. Je défendrai l'hypothèse selon laquelle il serait précisément ce qui nécessite l'ajustement de la loi et qui oblige à admettre qu'il y a du jeu, au sens mécanique de ce terme, entre les normes et ce qu'elles saisissent.

La généralité de la loi selon Platon et selon Aristote. Accord et désaccord

Le problème est bien identifié par la tradition philosophique : l'application de la loi semble faire violence au réel des actions humaines, et la loi semble de ce fait demander un ajustement aux situations qu'elle prétend régler. Le problème est que, si la norme demande à être ajustée aux cas qu'elle doit résoudre, elle risque de perdre sa normativité et qu'inversement, si elle ne s'ajuste pas à eux, elle pourrait bien être incapable de les résoudre. Cette tension contradictoire informe la réflexion juridique depuis le désaccord entre Platon et Aristote jusque dans le débat contemporain et nous place au cœur de la question de la normativité ; car si la loi est trop rigide, elle crée de l'injustice alors qu'elle est supposée la résoudre, et on voudrait qu'elle soit plus souple ; mais si elle est souple, c'est la dimension normative qui fait d'elle une loi qu'elle risque de perdre. Le problème est donc, si nous le saisissons à un niveau encore plus général, une instance des liens entre le réel, toujours particulier, et le rationnel, qui se déploie dans la généralité. Pierre Aubenque dans *La prudence chez Aristote* a donné une interprétation de ce point désormais classique en traçant une distinction nette entre la manière dont Aristote traite le rapport à la norme dans l'*Éthique à Nicomaque*, Livre V, 14, 1137a-1138a et celle dont Platon l'a traité dans *Le Politique*, 294b. Il l'envisage dans le cadre de la distinction entre la figure du *phronimos* et celle du philosophe-roi.

Aubenque opère un rapprochement bien connu entre les deux textes pour souligner, à partir de la mise en évidence de ce qu'ils ont de commun, la manière différente dont l'un et l'autre procèdent pour résoudre le problème qu'ils se posent. Il est tout aussi remarquable que la question leur soit commune et que les solutions ne le soient pas. L'un et l'autre, écrit-il, « dénoncent l'un après l'autre la généralité inhumaine la loi, ignorante des cas particuliers, et déclarent lui préférer cette Loi vivante et personnalisée qui s'incarne, chez Platon, dans le personnage du Roi, et chez Aristote, dans celui de l'Équitable »[1]. Cette généralité inhumaine est la dimension normative ignorante de la réalité qu'elle traverse et qui ne peut pas ne pas en être pour partie ignorante, sans quoi elle deviendrait une pure description attentive de la situation. Or le point remarquable qu'Aubenque fait apparaître et que la proximité des formules employées par Platon et Aristote, qui semble les rapprocher, ne peut pas cacher est l'opposition qui sépare en fait la signification qu'ils attribuent à ces formules. La question est de savoir ce que c'est que mettre en œuvre une norme dans le réel des hommes. Nous commencerons donc par relire rapidement la position de l'un et de l'autre.

■ 1. P. Aubenque, *La prudence chez Aristote*, Paris, P.U.F., 1963, p. 42-43.

Y A-T-IL DU JEU DANS LES NORMES ET LES CONCEPTS ?

Paradigme et constitution chez Platon

Dans *Le Politique*[2], Platon compare les lois dont nous disposons dans la Cité à l'ordonnance laissée derrière lui par le médecin qui part en voyage et laisse à son patient des instructions écrites. La question qui n'est pas résolue par cette analogie entre le législateur et le médecin dans son absence est de savoir ce qu'il convient de faire de prescriptions écrites et comment il est possible de les rapporter aux cas particuliers que nous rencontrons en l'absence de celui qui les a faites. La comparaison, on l'aura remarqué, souligne non pas tant que le législateur est comme un médecin que bien plutôt le fait qu'il est comme un médecin absent dont nous n'avons plus qu'une prescription écrite[3].

C'est alors qu'intervient la phrase qui nous intéresse tout particulièrement :

> Car la diversité (*anomoiotètes*) qu'il y a entre les hommes et les actes (*tôn anthrôpôn kai tôn praxeôn*), et le fait qu'aucune chose humaine n'est, pour ainsi dire, jamais en repos, ne laissent place à quelque chose de simple (*haploun*, qu'on peut traduire par non-composé, c'est-à-dire non relatif, donc absolu) qui vaille pour tous les cas et pour tous les temps[4].

Or si norme il y a, il faut qu'elle soit indifférente à la variation des cas qui se présentent à elle, sans quoi, variant avec les cas variables, elle parvient à les suivre mais elle échoue à les normer. En revanche, si elle est indifférente à la variation des cas qui se présentent, elle échoue à leur apporter une solution puisqu'elle ne les prend pas en considération. Cette phrase est au cœur d'un passage dont Monique Dixsaut souligne « l'ambivalence » : la généralité de la loi est acceptable et peut trouver une justification si elle porte sur un groupe d'hommes qui soit homogène, mais alors il faudra que « les différences individuelles puissent être tenues pour négligeables »[5] ; ce thème est tout à fait essentiel dans la problématique de la mise en œuvre de la loi car comment déterminer ce qui est négligeable et ce qui ne l'est pas ? Certaines différences entre les situations peuvent être annulées tandis que d'autres ne le peuvent pas, et cette opération de différenciation entre les différences indifférentes et les différences différenciantes est toujours au cœur de la réflexion de la philosophie sur la mise en œuvre de la loi[6].

On ne peut guère ignorer ici une difficulté particulière sur laquelle nous aurons l'occasion de revenir. Il reste que tout est ambivalence : la loi doit être indifférente au réel des cas particuliers pour parvenir à imposer une

---

■ 2. Platon, *Le Politique*, 295c, trad. fr. M. Dixsaut, Paris, Vrin, 2018.

■ 3. Cette comparaison intervient à un moment précis dont Laurent Gerbier envisage la spécificité de la façon suivante : « L'analogie entre médecine et politique semble donc bien valoir d'abord en ce qu'elle permet de fonder parfaitement l'art de la prescription sur la possession de la science. La médecine sert ainsi à montrer que l'art accompagné de science l'emporte sur les lois, et c'est justement ce que Socrate ne parvient pas à admettre. L'Étranger va alors donner la raison ultime de cette incompétence de la loi », L. Gerbier, « La politique et la médecine : une figure platonicienne et sa relecture averroïste », *Astérion* 1, 2003, mis en ligne le 04 avril 2005, consulté le 21 octobre 2018. URL : http://journals.openedition.org/asterion/13 ; DOI : 10.4000/asterion. 13. Car en effet, que la loi échoue à prendre en charge les cas particuliers est une incompétence sur ce qui, précisément relève de sa compétence, et qui est la raison pour laquelle on se tourne vers elle : résoudre les cas particuliers conflictuels.

■ 4. Platon, *Le Politique*, 294b, *op. cit.*

■ 5. Platon, *Le Politique*, 293e-300c, *op. cit.*

■ 6. Voir en particulier sur ce point N. MacCormick, *Raisonnement juridique et théorie du droit*, Paris, P.U.F., 1996.

normativité qu'elle ne pourra alors pas correctement imposer, précisément parce qu'elle ne prend pas en compte les cas particuliers auxquels elle doit apporter une solution. Comme le souligne Monique Dixsaut :

> La politique n'est pas seulement dépourvue de fondement naturel, elle n'a pas de fondement anthropologique : ce n'est donc pas un art à théoriser, c'est un art à inventer. L'Étranger d'Élée y réussit, sans pourtant nous dire ce qu'un politique doit être. Quant à Socrate, après le prologue, il écoute et se tait. Que veut nous faire entendre ce silence, sinon que quelque chose manque[7] ?

Quelque chose manque pour apporter des réponses aux questions pratiques qui se posent, et que la théorie ne parvient pas à rejoindre, comme s'il y avait un écart impossible à franchir pour passer de l'une à l'autre, la théorie ne donnant pas ce qu'il faut pour résoudre la pratique, de manière constitutive. Dès lors il apparaît que le point obscur réside dans le fait que nous ne savons pas ce qu'est appliquer une norme, la mettre en pratique et que résiste, dans le passage de la norme à son application, un point aveugle qui n'est toujours pas mis en lumière.

Si nous n'avons pour le moment pas de solution à apporter, au moins le problème est-il bien identifié de cette disponibilité que demande la pratique, disponibilité à ses spécificités, à ses particularités, à sa variété. Le problème ainsi posé à la norme est aigu, non pas seulement en termes de complexité – il faut disposer d'une norme très attentivement construite – mais en termes plus radicaux de simple possibilité : il n'est plus tout à fait sûr qu'une norme efficace puisse être posée puisque nous ne comprenons tout simplement pas comment passer de la norme à sa mise en œuvre. Très précisément, nous ne sommes pas en mesure de comprendre qu'une norme puisse être efficace. Le chef, écrit Aubenque, est celui dont la « disponibilité infinie à l'égard des cas particuliers manifeste la fécondité de son savoir »[8] : la disponibilité à la pratique demande un savoir d'une fécondité remarquable et s'oppose à la rigidité quelque peu cadavérique de la loi. Or cette attente ne peut être satisfaite par un savoir limité qui est celui de l'homme.

En effet, le problème que soulèvent *Les Lois* est que l'apparition d'un homme politique véritable, dont le savoir est fécond et qui demeure disponible à la pratique, demande des conditions qui ne se produisent presque jamais. Dès lors, comme le souligne Francisco L. Lisi :

> Platon cherche une définition du politique qui le différencie aussi bien des dieux qui, sous le règne de Cronos, gouvernaient les troupeaux d'hommes, que de ceux qui prétendent aujourd'hui être des politiques, sans l'être réellement (292d). L'homme politique se situe alors à mi-chemin entre, d'un côté, la connaissance parfaite et la capacité omnipotente qui caractérise les dieux pasteurs, et, de l'autre, l'ignorance des hommes politiques actuels[9].

▤ 7. M. Dixsaut, *Platon. Le désir de comprendre*, Paris, Vrin, 2003, p. 226.
▤ 8. P. Aubenque, *La prudence chez Aristote, op. cit.*, p. 43 à propos de Platon, *Le Politique*, 297a.
▤ 9. F. L. Lisi, « La politique platonicienne : le gouvernement de la cité », dans L. Brisson et F. Fronterotta, *Lire Platon*, Paris, P.U.F., 2014, p. 239.

Que faut-il entendre exactement par cette disponibilité à l'égard des cas ? La question est bien sûr intéressante car elle désigne et identifie ce grâce à quoi la norme se tourne vers la pratique et se soucie d'elle. Pour penser cette exigence, il faut revenir au paradigme platonicien de la politique : nous le retrouverons dans les discussions contemporaines qui vont nous occuper.

Considérons un des sens de « paradigme »[10] que soulignent Luc Brisson et Jean-François Pradeau :

> Le terme *paradeigma* peut désigner la Forme considérée comme un modèle à l'égard de choses sensibles qui ne sont que des images (*Parménide* 132d, *Timée* 28a-b). Mais le terme *paradeigma* peut aussi désigner un « exemple », un exemple privilégié qui joue un rôle méthodologique majeur dans l'enquête philosophique[11]. Le paradigme doit jouer un rôle dans toute recherche scientifique, car il est l'un des instruments privilégiés de la recherche de ce qui n'est pas connu. Cette recherche n'est en effet possible qu'à la condition d'examiner les ressemblances qui apparentent ce que nous connaissons et ce que nous cherchons à connaître[12].

On peut comprendre que la notion de paradigme est tout aussi bien celle d'une ordonnance laissée par le médecin que celle d'une esquisse faite par le peintre. Il est frappant de constater que dans l'ordonnance comme dans l'esquisse, il y a quelque chose qui manque. L'une comme l'autre indiquent que, de manière paradigmatique, la politique s'éprouve dans un manque à l'égard de la pratique qu'elle a pour tâche d'organiser et de réguler. L'esquisse comme l'ordonnance se rejoignent en ce qu'elles sont la trace de ce qui a du sens mais dont il ne reste que la trace que nous pourrions comprendre comme l'indication d'une direction.

Dans le cas spécifique de la politique, les traces sont les codes écrits. Il a fallu, en effet, adopter des codes écrits : les constitutions écrites ont été substituées à la science souveraine et ces constitutions ne sont que les « imitations de la vérité, tracées le mieux possible par ceux qui savent »[13]. On peut essayer de comprendre cette exigence de disponibilité à l'égard des cas en suivant l'idée de paradigme[14] et en explorant la différence entre le paradigme et le modèle. Car le paradigme n'indique pas qu'un manque pour penser ce que nous cherchons à penser. En effet, la proposition de Victor Goldschmidt est de se représenter le paradigme « plutôt comme une source d'inspiration que comme un modèle qu'on puisse, trait pour trait, reproduire dans une copie conforme »[15]. Or le *Politique* opère un changement de paradigme : Platon

---

▨ 10. Goldschmidt souligne le rôle essentiel que joue la notion de paradigme aussi bien dans l'ordre de la connaissance que dans l'ordre de l'action. Elle intervient en effet aussi bien de la théorie vers la pratique que de la pratique vers la théorie. Dans l'ordre de la connaissance, « les choses sensibles sont des paradigmes qui, correctement interprétés, guident notre ascension vers les Formes. À leur tour, les Formes sont des paradigmes – *Euthyphron*, 6e4-6 ; *Parménide*, 132d ; *Timée*, 28a-b, 29b, 48e – qui, dans la voie descendante, permettent de connaître le monde sensible et d'agir sur lui », V. Goldschmidt, « Le paradigme dans la théorie platonicienne de l'action », *Revue des Études Grecques* 58, fascicule 274-278, 1945. p. 118.

▨ 11. *Parménide*, 132e ; *Politique* 277d-278b ; *Timée* 28a-b.

▨ 12. L. Brisson, J.-F. Pradeau, *Dictionnaire Platon*, Article « Paradigme », Paris, Ellipses, 2013, p. 113.

▨ 13. Platon, *Le Politique*, 300c 5-7, *op. cit.*

▨ 14. Platon, *Le Politique*, 277d-279 b, *op. cit.*

▨ 15. V. Goldschmidt, « Le paradigme dans la théorie platonicienne de l'action », art. cit., p. 125.

passe du paradigme du berger – la politique est d'abord définie comme le soin du troupeau humain consentant[16] –, au paradigme du tissage :

> Il importe avant tout de comprendre que le terme *paradigme* peut tour à tour renvoyer à une *tékhne* particulière (ici, le tissage), c'est-à-dire à un contenu paradigmatique, et à un *ensemble technique structuré* (l'ensemble des arts entretenant des rapports avec le tissage dans sa production du tissu). Platon use donc du paradigme du tissage pour structurer autour de lui la cité et définir le rapport du politique aux autres *tékhnai*, sur le modèle de celui que le tissage entretient aux arts avec lesquels il collabore (287b-305e) ; mais aussi pour penser la tâche spécifique de l'activité politique, sur le modèle de la *tékhne* propre que constitue le tissage (305e-311c)[17].

C'est l'image de « l'esquisse » que l'on trouve par exemple dans les *Lois*, VI, 770b8. L'idée paraît essentielle en cela que la différence entre le modèle et l'esquisse est remarquable. L'esquisse donne une détermination nécessaire pour reconnaître le Bien et le viser, mais elle ne donne pas tout ce qu'il y a à savoir pour régler toutes nos actions[18]. L'esquisse est donc tout à la fois copie et modèle dont les Gardiens s'inspireront : ils réaliseront une imitation inférieure d'un degré à celle des législateurs. La politique permet de tisser la Cité, d'en structurer le réel en tissant des lois et des exigences qui la constituent. Néanmoins, ce dont nous disposons pour tisser le monde politique est incomplet et insuffisant par soi seul à résoudre les questions pratiques. Or il est remarquable que la détermination de cette insuffisance soit positive. Non seulement la norme est incomplète, mais il est possible que cette incomplétude de la norme soit non pas un obstacle à son fonctionnement mais cela même qui lui permet de fonctionner. Si la norme est une indication, si elle n'est qu'une indication, alors elle ne porte pas en elle-même la résolution du cas pratique et nous devons revoir la conception de la norme.

La généralité de la loi selon Aristote

Or, comme le remarque Aubenque, « pour Aristote, la science partage avec la loi le privilège, mais aussi l'inconvénient, de porter sur le général »[19]. Aussi bien pour la connaissance que pour la loi pratique, le problème se pose du rapport de l'abstraction au cas particulier qui demande à être subsumé sous elle puisque la loi, comme la science, ne portent que sur le général. Aubenque précise ce qu'il constitue comme une distinction fondamentale entre Platon et Aristote :

> Alors que Platon ne semble pas avoir mis en doute qu'un savoir suffisamment transcendant pût venir à bout de la totalité des cas particuliers, Aristote désespère de déduire jamais le particulier du général : « La faute, nous dit-il, n'en est pas à la loi ni au législateur, mais elle est dans la nature de la

16. Platon, *Le Politique*, 276 e10-13, *op. cit.*
17. D. El Murr, « La division et l'unité du politique de Platon », *Les Études philosophiques* 74, n°3, 2005, p. 295-324.
18. V. Goldschmidt, « Le paradigme dans la théorie platonicienne de l'action », art. cit., p. 126.
19. P. Aubenque, *La prudence chez Aristote, op. cit.*, p. 43.

chose »[20]. Là où Platon voyait une défaillance psychologique due à l'ignorance des hommes, Aristote reconnaît, à son habitude, un obstacle ontologique, un hiatus qui affecte la réalité elle-même et qu'aucune science humaine ne pourra jamais surmonter. Ce n'est donc pas au savant, encore moins à quelque super-savant, qu'Aristote recourt pour corriger les défaillances inévitables de la loi. Alors que chez Platon la science devait parvenir en droit à tout définir, parce qu'elle était en elle-même parfaite détermination, Aristote tire d'une même situation la conséquence inverse : si l'indétermination est ontologique, elle ne peut relever que d'une règle elle-même indéterminée, à la façon de la règle de plomb des Lesbiens, dont l'inexactitude même permet d'épouser adéquatement les contours de la pierre[21].

Mettre au centre des formules assez concordantes de Platon et d'Aristote sur les problèmes qui naissent de l'application de la loi générale aux cas particuliers fait apparaître un désaccord portant sur le statut de la science et sur la manière de concevoir le lien entre le général et le particulier. Cela souligne la discordance qu'il y a en fait entre des formules qui pourraient paraître s'accorder. Aubenque fait apparaître la différence dans l'attribution d'un défaut repéré par Platon et Aristote à la loi générale, incapable de résoudre les cas particuliers. La critique est la même mais elle est imputable, selon Platon, à un défaut épistémique, tandis que, selon Aristote, elle relève de l'ontologique : pour Platon, nous n'en savons pas assez, et nous n'avons pas suffisamment bien établi la loi pour qu'elle puisse, alors même qu'elle est générale, résoudre les cas particuliers. La concordance entre les deux positions s'arrête donc à la localisation du problème, ontologique ou épistémique. Si l'un et l'autre se posent la même question de l'application de la loi au cas particulier, ils ne la situent pas dans le même lieu de la constitution du problème.

Comme le souligne Jacques Darriulat, quand on plonge davantage dans la diversité sensible, toute proportion se perd et l'esprit n'a plus de lois pour guides. La juste mesure, ou parfaite proportion (*to métrion*), ne légifère que dans l'intelligible. Elle est inopérante dans le sensible, où l'indéfini du singulier est rebelle à toute loi. Il faut comprendre cette singularité de façon dynamique : c'est le *mouvement* qui introduit la multiplicité dans l'Être. Le mouvement intègre une infinité d'états infiniment singuliers, deux feuilles ne tomberont jamais d'un arbre de la même façon, et un même homme est incapable de recommencer exactement deux fois le même geste. Le politique est celui qui plonge dans l'infinie multiplicité des cas particuliers. C'est la raison pour laquelle il serait vain d'espérer construire une science du politique, tout autant qu'il serait vain d'établir ici des lois qui valent absolument :

En fin de compte, il n'y a pas contradiction entre l'idéalisme épistémologique de Platon, et son scepticisme politique : le second est au contraire la conséquence logique du premier, et marque l'effet de brouillage que connaît la dialectique quand elle atteint le point ultime de sa « descente »[22].

■ 20. Aristote, *Éthique à Nicomaque*, 1137b17, trad. fr. J. Tricot, Paris, Vrin, 1985.
■ 21. P. Aubenque, *La prudence chez Aristote, op. cit.*, p. 43-44.
■ 22. J. Darriulat, « Commentaire du *Politique* de Platon », http://www.jdarriulat.net/Auteurs/Platon/Politique/Politique3.html.

La critique se fait donc pour Platon sur un plan épistémique; si la loi est prise en défaut, c'est que sa généralité est défectueuse et qu'elle rend mal compte de tous les cas particuliers tombant sous elles et qui devraient donc être réglés par elle. Pour Aristote, ce qui est en jeu dans cette difficulté que nous rencontrons pour appliquer la loi générale au cas particulier est une résistance ontologique du cas concret qui ne se laisse pas saisir dans, ni par, le général. On peut donc ressaisir cette figure connue d'un désaccord entre Platon et Aristote, du moins si l'on en suit l'interprétation de Pierre Aubenque, comme un désaccord sur la nature des raisons pour lesquelles la loi ne règle pas les cas particuliers, épistémiques pour Platon, ontologiques pour Aristote.

La répartition de ces raisons qu'ont les lois d'échouer à saisir dans leur généralité les cas particuliers permet de faire apparaître la distinction entre deux types d'indétermination de la pratique. Cette indétermination met en échec la saisie normative par laquelle on voudrait pouvoir répondre aux cas qui se présentent. Les deux types d'indétermination ne sont pas exclusifs l'un de l'autre : ils peuvent se recouper ou se recouvrir partiellement. Ainsi, on peut supposer que des situations indéterminées dans la pratique, ou des conduites humaines, vont appeler en retour des descriptions ou des concepts qui demeureront indéterminés.

> **De ce qui est indéterminé, la règle aussi est indéterminée.**

C'est la position d'Aristote selon laquelle, de ce qui est indéterminé, la règle aussi est indéterminée, qui entraîne la métaphore de la règle de plomb de Lesbos[23]. Cette métaphore intervient à propos de la différence entre le partage juste et le partage équitable. Il faut comprendre en quoi le partage équitable est un partage juste tout en étant non pas le partage juste mais un ajustement de celui-ci. En sorte que le partage équitable, s'il se distingue du partage juste, en est tout de même un, sans quoi, s'il se faisait sans référence au partage juste, il serait un partage injuste. Il n'est pas non plus le partage juste mais un ajustement de ce dernier, ajustement qu'il faut entendre par référence au cas particulier. Le partage équitable est un partage juste ajusté au cas particulier. La métaphore porte une indication subtile, à savoir que, dans le partage équitable, il y a un partage juste, sans quoi il n'y aurait pas de règle et le résultat serait dérégulé. Le partage équitable revient en effet à faire des parts inégales; il faut donc le différencier d'un partage qui serait injuste. Si, de ce qui est indéterminé, la règle aussi est indéterminée, alors comment à ce qui est indéterminé apporter une solution déterminée? Une des manières de traiter cette question est de se demander comment décrire une situation vague autrement que par des concepts vagues. Il convient donc d'examiner les conditions sous lesquelles il est possible de parler précisément du vague. Comment des situations ou des conduites humaines, intrinsèquement indéterminées, pourraient-elles être saisies dans des concepts finement déterminés?

■ 23. Aristote, *Éthique à Nicomaque*, V, 1137a-1138a, *op. cit.*

Une nouvelle saisie du jeu entre la loi générale et le cas particulier : le vague

Pierre Bourdieu a supposé l'existence d'une distinction entre la logique de la pratique et celle de la théorie. Son hypothèse est que l'on fait violence à la pratique en important en elle les exigences de la théorie[24]. Il semble possible d'interroger, dans cette hypothèse problématique, en particulier l'exigence de cohérence, telle que, importée de la théorie, elle vient prendre place dans la pratique, en général, et une de ses manifestations en particulier sur laquelle nous nous arrêterons. Faut-il exiger que le sujet moral, dans la recherche de la cohérence, chaque fois qu'il agit, se rapporte à la même norme et répète les mêmes conduites dans les mêmes situations ? Il pourrait être tentant d'imposer une telle cohérence des choix les uns avec les autres, cohérence que nous pourrions désigner comme une cohérence locale puisqu'elle s'impose localement. Pour le dire très rapidement, une telle conception de la cohérence pratique oblige à répéter les mêmes actions lorsque l'on peut considérer que les mêmes situations se présentent. Néanmoins, on peut hésiter devant une telle exigence et préférer une cohérence que nous dirions quant à elle globale par rapport à cette cohérence locale. C'est une telle hypothèse qu'on peut saisir sous le terme de holisme et par laquelle Christopher Peacoke relie les questions de l'agir humain à celle du temps et de l'espace[25]. Cette proposition de considérer les actions globalement et non pas ponctuellement, dans une cohérence non pas locale mais globale, s'inscrit dans la recherche d'une spécificité de la logique de la pratique au regard de la logique de la théorie.

Je propose d'introduire le concept de vague pour montrer comment il recoupe la discussion que nous venons de relire, et comment il permet d'en dessiner les prolongements. Le concept de vague, qui se répartit entre vague épistémique et vague ontologique, s'inscrira ainsi dans la ligne générale posée par Pierre Bourdieu qui vise à établir une distinction entre la théorie et la pratique. C'est la distinction entre précision et vague que nous allons donc interroger dans cette perspective : il ne va pas de soi que l'exigence de précision que nous avons en théorie puisse être transposée telle quelle dans la pratique. Je soutiendrai donc la thèse qu'une certaine indétermination peut être favorable aux normes pratiques. J'inscris cette affirmation dans la distinction tracée par Pierre Bourdieu dans la mesure où la logique du vague, si elle est bien celle de la pratique, conduit à la distinguer de la logique classique[26]. J'introduirai l'objet vague, en soulignant aussi bien les solutions qu'il est susceptible d'apporter que les problèmes qu'il véhicule avec lui. Car

■ 24. P. Bourdieu, *Sur l'État. Cours au Collège de France (1989-1992)*, P. Champagne, R. Lenoir, F. Poupeau, M.-Ch. Rivière (éd.), Paris, Seuil, 2012. Voir également P. Bourdieu, *Le Sens pratique*, Paris, Minuit, 1980, p. 144.

■ 25. Ch. Peacoke, *Holistic Explanation. Action, Space, Interpretation*, Oxford, Clarendon Press, 1979.

■ 26. Je ne développerai pas ce point pour lequel je me contente de renvoyer à ce qu'on appelle la *fuzzy logic* qui s'attache à constituer des affirmations vagues et qui, pour ce faire, a besoin de travailler avec des valeurs de vérité qui ne sont pas binaires, 0 ou 1, mais qui varient sur un intervalle de nombres réels compris entre 0 et 1. Pour une introduction sur la question des *fuzzy logics*, on peut se reporter à P. Cintula, Ch. G. Fermüller, C. Noguera, « Fuzzy Logic », *The Stanford Encyclopedia of Philosophy* (Fall 2017 Edition), E. N. Zalta (ed.), URL : https://plato.stanford.edu/archives/fall2017/entries/logic-fuzzy. Voir également H. T. Nguyen, E. A. Walker, *A First Course in Fuzzy Logic* (third edition), London, Chapman and Hall-CRC, 2005.

toute solution conceptuelle implique un prix à payer, et celui de l'objet vague est assez élevé mais il paraît néanmoins très éclairant de l'utiliser dans le cadre de la réflexion sur l'agir humain. Attachons-nous dès lors à comprendre comment il permet de reprendre la discussion entre une indétermination épistémique de la loi et une indétermination ontologique des situations que nous traversons dans l'agir humain.

Définition de l'objet vague (s'il existe...)

Il est aussi aisé de donner des exemples de vague, et aussi intuitif de comprendre leur point commun, que le concept d'objet vague est difficile à construire. Les problèmes commencent précisément lorsque nous voulons penser ces cas concrets de vague dans des concepts. Commençons donc par les désigner dans le concret du réel. Est vague un objet dont il est indéterminé qu'il a ou qu'il n'a pas une propriété F. Ainsi, « être un enfant », ou « être un adolescent », ou encore « être un adulte » est une propriété vague, puisque nous pouvons trouver des exemples de situations dans lesquelles il n'est pas assuré que nous avons affaire à un enfant ou à un adolescent, par exemple, et entre l'enfant et l'adolescent, nous trouvons le pré-adolescent, et il est n'est pas aisé non plus de distinguer l'enfant et le pré-adolescent non plus que le pré-adolescent et l'adolescent : entre ces propriétés, la limite n'est pas finement tracée ni découpée. De la même manière, « être une montagne », ou « être une vallée », ou « être un tas de blé » ne sont pas des propriétés finement découpées dans le réel. De chacune de ces propriétés on peut trouver des êtres qui les portent à l'évidence, comme des êtres qui ne les portent à l'évidence pas, et des êtres dont il est indéterminé, ou vague, qu'ils les portent ou qu'ils ne les portent pas. Le fait d'être porteur d'une propriété vague sera considéré ici comme une condition suffisante pour être considéré comme un objet vague. Précisons enfin que le vague en question ici est le vague ontologique, qu'on pourrait évidemment vouloir réduire à un vague épistémique mais dont je prendrai au sérieux l'hypothèse.

Nous pouvons prendre l'exemple des âges de la vie pour écarter toute tentative de procéder à des distinctions fines entre ces prédicats : on pourrait chercher dans le droit ou dans la médecine des déterminations qui permettent de dire précisément le prédicat qu'il convient d'appliquer en fonction de l'âge de celui à qui nous avons affaire. Certes des normes juridiques fixent l'âge de la majorité, par exemple, mais cela ne signifie pas qu'on a cessé d'être un enfant ni que l'on est devenu adulte le jour de ses 18 ans. L'Organisation Mondiale de la Santé a fixé des fourchettes d'âge : on est un peu vieux de 65 à 75 ans, on est vieux de 75 à 85 ans ; on est très vieux au-delà de 85 ans. En outre, on gagne une catégorie dès lors qu'on est porteur d'une maladie chronique. Ainsi, à 77 ans, âge auquel on est dans la catégorie des vieux, si on est en outre porteur d'un diabète, on passe dans la catégorie des très vieux. Ces apports du droit ou de la médecine n'éclairent pas entièrement sur ce que c'est qu'être vieux ou jeune. Je souligne ce point car nous rencontrerons un peu plus loin une telle opacité.

Les métaphysiciens contemporains, au regard des difficultés que pose l'objet vague, sont peu enclins à lui accorder l'existence. Plutôt que de soutenir l'existence d'un vague ontologique, ils préfèrent penser que le vague que je viens de pointer n'est que le reflet de notre ignorance. Cette hypothèse est celle du vague épistémique. Sous l'hypothèse du vague épistémique, on dira qu'on ne sait pas si on se trouve encore sur la montagne ou déjà dans la vallée, qu'on ne sait pas si on a affaire à un adulte ou à un adolescent, ni si les grains de blé forment un tas mais que cette ignorance est, en droit, réductible. Le vague existe certes pour nous mais non pas dans les choses elles-mêmes.

On peut comprendre une réticence à introduire dans l'ontologie quelque chose comme un objet vague. Penser l'objet vague engage à rompre avec des lois fondamentales de la pensée, que sont le principe de non-contradiction et le principe de l'indiscernabilité des identiques. Gareth Evans, dans un article d'une courte page, donne une démonstration de ce que l'objet vague n'existe pas [27]. Supposons un objet x, dont il est indéterminé qu'il soit identique à y. Mais il n'est pas indéterminé qu'il soit identique à lui-même (en vertu de la loi de Leibniz). Donc il est différent de y puisqu'il est indéterminé que y soit le même que x alors qu'il n'est pas indéterminé que x soit le même que x. Si donc on suppose qu'il est indéterminé que $x = y$, selon Evans, on arrive à montrer que $x \neq y$ et donc il n'est pas indéterminé que $x = y$.

Quelle que soit la puissance de l'argument d'Evans, il n'en demeure pas moins que notre monde semble fourmiller d'objets vagues. Un exemple paradigmatique de ce type d'objets a le mérite de renvoyer au paradoxe, formulé par Eubulide de Milet, du sorite. Je le rappelle dans les deux formes qu'il peut prendre, forme ascendante et forme descendante : si un grain de blé ne fait pas un tas, un grain de blé plus un grain de blé n'en font pas non plus un, et ainsi de suite, par réitération de cette opération, on en arrive à devoir soutenir que 10 000 grains de blé ne font pas non plus un tas. On procède alors au sorite non plus dans sa forme ascendante, que nous venons de parcourir, mais dans sa forme descendante : 10 000 grains de blé forment un tas, donc 9 999 grains de blé forment aussi un tas, et on obtient ainsi que 1 grain de blé forme un tas, ce qui n'est évidemment pas non plus une affirmation satisfaisante. Mark Sainsbury pense que tous les objets vagues ont une forme soritique [28], ce qui explique l'importance de ce paradoxe dans le débat contemporain à propos du vague.

On pourrait bien sûr être tenté de dire qu'il n'existe pas quelque chose comme un tas de blé pour éviter de tomber dans ces difficultés. La faiblesse ontologique du tas est qu'il est non pas, pour reprendre la terminologie de Leibniz, un *unum per se*, mais un *unum per agregationem* [29]. Je souligne, puisque nous rencontrons la question, que Peter Unger tirera argument, dans « I do not exist », de cette structure spécifique à l'homéomère, qu'il soit tas de sable ou nuage de vapeur d'eau, pour soutenir un nihilisme ontologique – selon lequel je n'existe pas et le monde matériel n'existe pas non plus car, de

27. G. Evans, « Can there be Vague Objects ? », *Analysis* 38, n°4, 1978, p. 208.

28. M. Sainsbury, « What is a Vague Object ? », *Analysis* 49 n°3, 1989, p. 99.

29. Sur ce point, on pourra consulter l'analyse que Russell donne de cette distinction chez Leibniz dans B. Russell, *A Critical Exposition of the Philosophy of Leibniz*, New York, Routledge, 1996, p. 16. Russell renvoie aux *Nouveaux Essais sur l'Entendement humain*, V, 132, dont il conclut que les relations et les agrégats n'ont de vérité que mentale. Ils n'existent que pour notre esprit.

moi comme de la table, on peut retirer une petite particule sans que je cesse d'exister[30]. Si en effet cette opération par laquelle on prélève ou on ajoute un grain de blé, ou une particule de matière, est une opération non-nocive, on peut la répéter jusqu'à ce qu'il ne reste plus rien, que ce soit de moi ou de la table. Cette position est liée à la prise au sérieux du *sorite* et à son extension à toute la structure du réel, sans d'ailleurs tenir compte de la distinction qu'il y a sans doute lieu de faire entre l'homéomère et l'anhoméomère[31]. C'est contre ce nihilisme ontologique que Peter van Inwagen, dans *Material Beings*, soutiendra qu'il existe dans le monde les simples et les organismes vivants qui résistent à la destruction de ce qu'ils sont (en quoi nous retrouvons une autre détermination bien connue de la philosophie classique : l'organisme vivant a ceci de différent du mécanisme et de l'artefact qu'il résiste à sa destruction plus que par la simple résistance de sa matière, en mettant en place des mécanismes de réparation).

La structure de l'objet vague, indépendamment de la question de savoir s'il existe ou s'il n'existe pas, fait traverser une série de cas, ou de situations, dont nous ne pouvons pas dire ni qu'ils ont la propriété F ni qu'ils ne l'ont pas, alors que nous rencontrons dans cette série des cas qui la portent évidemment et des cas qui évidemment ne la portent pas. Dans la prise en compte de la possibilité d'un vague ontologique, ce qui nous intéresse est la zone dans laquelle la prédication de la propriété reçoit une valeur indéterminée. C'est cette zone indéterminée que Mark Sainsbury désigne comme une « zone de pénombre » et dans cette zone de pénombre, nous ne savons plus très bien si nous avons affaire à un tas de blé, ou si nous n'avons pas tout à fait affaire à un tas de blé, ou plus tout à fait affaire à un tas de blé. Or, à propos de cette zone de pénombre, Mark Sainsbury fait une remarque troublante pour qui s'intéresse à la mise en œuvre de la norme : il pense que, dans ces cas, le locuteur compétent doit refuser de se prononcer. Il doit s'abstenir de pencher pour ou contre, et c'est en refusant de trancher qu'il montrera sa compétence[32].

Or nous voyons la manière dont le problème peut se nouer : nous avons des arguments pour considérer, je vais y revenir, que la réalité humaine, celle de nos actions, de nos décisions, et des situations dans lesquelles nous nous trouvons, est fondamentalement vague, et un locuteur compétent, dans ce type de situations, refusera de se prononcer. Cette abstention est précisément ce que le juge ne peut pas faire. François Dagognet a souligné une structure analogue à cette indétermination saisie ici sous le concept de vague dans son ouvrage sur *Le Trouble*. Du trouble, il montre comment la résolution est au cœur des mécanismes judiciaires[33], toute la tâche de l'interprète du droit étant de trancher, dans la qualification des faits, pour savoir si nous avons affaire à de l'ancien ou du nouveau, par exemple, dans le droit des brevets, ou si nous avons affaire à un meuble, que l'ancien propriétaire peut

■ 30. P. Unger, « I Do Not Exist » *in* G. F. Macdonald (ed.) *Perception and Identity*, London, Palgrave, 1979, trad. fr. I. Pariente-Butterlin, « Je n'existe pas », dans Fr. Nef et Y. Schmitt, *Textes clés d'ontologie*, Paris, Vrin, 2017.

■ 31. On pourrait critiquer le principe qui voudrait que la réitération d'une opération non-nocive soit elle-même non-nocive.

■ 32. M. Sainsbury, *Paradoxes*, Cambridge, Cambridge University Press, 2009, p. 38.

■ 33. Fr. Dagognet, *Le Trouble*, Paris, Les Empêcheurs de penser en rond, 1995.

emporter avant que nous ne prenions possession de sa maison, ou à une partie de l'immeuble, qu'il doit nous laisser[34].

L'usage du vague dans les normes

Nous pouvons à présent avancer par rapport à l'intuition première selon laquelle le vague s'opposerait à la normativité et les normes seraient d'autant plus efficaces et pertinentes qu'elles élimineraient le vague en précisant ce qu'elles cherchent à interdire, autoriser, ou rendre obligatoire. En effet, ces trois prédicats, *il est interdit, il est autorisé, il est obligatoire*, qu'on désigne comme des prédicats normatifs, suffisent à dire toutes les normes[35]. Ces prédicats sont considérés comme des prédicats « fins » car ils ne comportent pas de part de description du réel : ils demeurent indifférents à la variation du contexte, en cela qu'ils continuent à avoir du sens dans des contextes très différents. On peut formuler, à propos de n'importe quelle action, une interdiction ou une autorisation, et l'énoncé ainsi formé aura du sens. Il sera compréhensible quelle que soit l'action sur laquelle il porte, alors que ce n'est pas le cas à propos des énoncés évaluatifs. Nous ne pensons pas à un contexte d'action déterminé quand nous les pensons[36] et c'est ce qui détermine leur finesse. Cela permet de les distinguer des prédicats évaluatifs, qui sont quant à eux « épais », car ils portent avec eux une part de description de la réalité. Ainsi, des prédicats tels que *il est généreux de* ou *il est indigne de*, *il est admirable*, ne peuvent pas être employés dans n'importe quel contexte et résisteront à des déplacements trop grands[37]. Or précisément, de cette indifférence au contexte des prédicats normatifs, on pourrait conclure que l'expression des règles n'est pas contaminée par le vague, s'il existe, des situations qu'elles sont appelées à résoudre. Nous pourrions donc continuer à penser que plus la règle est précise, plus efficacement et plus finement elle règle nos actions et que cette précision demeure possible même si les situations humaines sont essentiellement entachées de vague.

Contre cette intuition d'une tension fondamentale entre le vague et la normativité, et d'une nécessaire précision de la normativité, Timothy Endicott soutient que le vague a une valeur dans le fonctionnement de la norme, que non seulement il n'est pas problématique d'un point de vue normatif, mais qu'il est même au cœur de la mise en œuvre de la norme[38]. Il s'attache à montrer comment le vague fonctionne dans les normes, ou plutôt comment les normes ont besoin, pour fonctionner, d'être en partie vagues. Il soutient donc une thèse fonctionnelle à propos du vague dans la loi selon laquelle :

> Le vague semble entrer en contradiction avec l'idée d'énoncer une norme, et avec l'idée d'une conduite normée par une règle, parce qu'il laisse la conduite

---

■ 34. Fr. Dagognet, *Philosophie de la propriété. L'avoir*, Paris, P.U.F., 1994.

■ 35. Et encore n'avons-nous besoin que de deux prédicats, le permis et l'obligatoire, puisque ce qui n'est pas permis est ce qu'il est interdit de faire, et ce qui n'est pas obligatoire est ce dont l'omission est permise

■ 36. B. Williams, *Ethics and the Limits of Philosophy*, London, Fontana Paperback, 1985, p. 128-130, p. 140-141 et p. 150-152.

■ 37. Je n'entre pas ici dans le débat sur la réduction du normatif à l'évaluatif ou inversement la réduction de l'évaluatif à du normatif.

■ 38. Cette thèse fonctionnelle à propos du vague laisse ouverte la question de savoir s'il s'agit de vague épistémique ou ontologique (dans une certaine mesure) sans régulation. Mais le vague peut avoir de la valeur aux yeux de ceux qui font les normes, parce que l'usage qu'ils en font peut avoir de la valeur pour les gens à qui les normes s'adressent. En fait, bien loin d'entrer en contradiction avec l'idée de faire des normes, le vague revêt une importance déterminante pour les législateurs (et tous ceux qui font des normes). C'est une technique centrale dans les textes normatifs : on en a très souvent besoin pour s'approcher du but qui est de faire des normes. Toutes les normes ne sont pas vagues. Mais le vague revêt une importance centrale dans l'idée d'une conduite guidée par des normes[39].

Intéressons-nous à l'exemple que prend Endicott dans la section 2, celui du standard légal articulant les cas de négligence des parents avec la question de l'âge de l'enfant laissé seul. Il me paraît intéressant de regarder le cas de près car il se dessine effectivement que l'exigence légale est vague, et que ce vague n'est pas une objection à la régulation qu'il induit, mais qu'il participe de la possibilité de réguler les pratiques humaines. Je reprends ce passage intégralement pour inscrire dans le concret la discussion conceptuelle qui est tenue ici :

> Ainsi un standard légal vague s'applique clairement dans certains cas, et clairement ne s'applique pas dans d'autres, et il y a des cas limites dans lesquels la formulation linguistique du standard laisse son application indéterminée. Nous pouvons prendre des exemples de précision et de vague dans la loi anglaise sur le soin des enfants. Par définition, c'est un préjudice que de négliger, d'abandonner, ou de mettre en situation de subir une souffrance sans nécessité ou de mettre en danger la santé d'un enfant ou d'une personne jeune (*Children and Young Persons Act*, 1933 voir 1(1)). Le statut définit « l'enfant ou la personne jeune » *précisément*, comme désignant une personne de moins de 16 ans. Mais quand est-il conforme à la loi de laisser une personne de moins de 16 ans seule à la maison, sans surveillance ? Ou quand est-il légal de laisser un enfant avec une baby-sitter ? Et quel âge la babysitter doit-elle avoir ? Le statut ne statue pas sur les âges. Cette disposition soumet toutes ces questions au vague des termes « négligé » et « abandonné » et au vague de l'expression sur laquelle repose la qualification « de le mettre en situation de... »[40].

Dans la compréhension de la normativité que propose Endicott, non seulement le vague n'est pas problématique pour la dimension normative de la norme, mais il est ce qui permet de se saisir du concret dans la norme et de la mettre en œuvre. Car si le monde concret des actions des hommes est indéterminé pour partie, il ne pourra pas être rapproché d'une norme trop précise dont la finesse des distinctions ne pourrait pas entrer en adéquation avec cela précisément qu'elle doit saisir. Je rapprocherais ce point de la manière dont Aristote posait à la normativité une exigence de souplesse comme la règle de plomb de Lesbos. Cette exigence pour le moins surprenante prend tout son

---

39. T. Endicott, « The Value of Vagueness », *in* V. K. Bhatia, J. Engberg, M. Gotti, D. Heller (eds.), *Vagueness in Normative Texts*, Bern, Peter Lang, 2005 ; reprinted *in* A. Marmor, S. Soames (eds.), *Philosophical Foundations of Language in Law*, Oxford, Oxford University Press, 2011, p. 14. Je traduis.
40. T. Endicott, « The Value of Vagueness », *op. cit.*, p. 2. Je traduis.

sens dans les discussions contemporaines qui installent, au cœur de la norme et de la possibilité de la régulation par la norme, la présence du vague[41].

L'indétermination des conduites humaines s'opposerait donc fondamentalement à une saisie qui ne tiendrait pas compte de cette injonction. On pourrait multiplier les exemples, j'en propose un autre, à propos du concept de négligence analysé par Soames. Soames souligne l'usage de terme « d'un vague extravagant » comme le terme de « négligence »[42] dans la définition des devoirs des parents envers les enfants. Ce vague est moins extravagant qu'ontologique. Pour déterminer s'il y a eu ou non négligence de la part des parents à l'égard de leurs enfants, Soames considère que, dans la même situation, il peut y avoir négligence sous un aspect et non pas sous un autre. Il sera donc vrai de dire que dans la même situation, les enfants sont négligés et ne sont pas négligés. Pour cette raison, je souligne un autre point important qui est que la négligence sera envisagée de façon holiste ; car l'abaissement de certains critères pourra être compensé par le relèvement d'autres :

> Il en résulte que les jugements qui visent à déterminer si un comportement a été négligent ont tendance à être des jugements holistes où des bas sous certains aspects peuvent être compensés par des hauts sous d'autres aspects. Par conséquent, les variations dans la conduite, manifestes dans la série de cas de négligence évidemment non limites, ne peuvent pas faire l'objet d'une énumération législative exhaustive. Même des cas clairs de négligence, qui ne sont pas des cas-limites, peuvent parfois mettre en lumière des faisceaux surprenants de faits. Cette situation donne une raison au législateur de déléguer l'autorité de rendre des jugements à propos des conduites individuelles à ceux qui sont le plus en mesure de rassembler les faits pertinents – par exemple les travailleurs sociaux et les cours[43].

Je distingue ce point du motif de l'interprétation que la tradition a voulu articuler précisément à ce moment de l'analyse et qui n'est pas ce qui m'intéresse ici. Que dans un temps second, en effet, le vague dans lequel demeure la norme appelle une interprétation, ne doit pas empêcher de mettre d'abord en évidence que le vague de la loi est ce qui nous rend possible de rapporter nos conduites à ce qu'elle énonce.

C'est précisément parce qu'il y a du jeu dans les concepts et les normes que nous pouvons trouver le moyen de mettre en rapport le singulier de nos conduites et le général des normes. Endicott note que Dworkin s'oppose à l'idée que les concepts de la loi puissent être vagues[44] ; l'injonction fondamentale que Dworkin fait peser sur l'interprétation des règles est en particulier de mettre un terme à ce qui pourrait, dans la loi, sembler vague pour lui donner l'interprétation la plus dynamique possible, rendant cohérent le passé et ouvrant vers la meilleure utilisation possible. L'idée centrale qui anime le

---

■ 41. Voir par exemple H. Asgeirsson, « On the Instrumental Value of Vagueness in the Law », *Ethics* 125, n°2, 2015, p. 425-48.
■ 42. S. Soames, *Analytical Philosophy in America and Other Historical and Contemporary Essays*, Princeton, Princeton University Press, 2014, p. 292 (je traduis).
■ 43. *Ibid.*, p. 292.
■ 44. R. Dworkin, *Taking Rights Seriously*, Cambridge (Mass.), Harvard University Press, 1977 ; *Prendre les droits au sérieux*, trad. fr. M.-J. Rossignol et Fr. Limaire, Paris, P.U.F., 1995, p. 135-136 et *Law's Empire*, Cambridge (Mass.), Belknap Press, 1986, p. 17 ; *L'empire du droit*, trad. fr. E. Soubrenie, Paris, P.U.F., 1994.

fonctionnement de la loi et la régulation normative qu'elle peut donner aux situations humaines pour Endicott est celle de guidage : il souligne que, dans certains cas, les normes nous guident mieux si elles sont vagues.

Dès lors, la question de la normativité rejoint celle du guidage ; que veut dire, pour une norme, guider notre action ? Nous rencontrons ici un autre type de rapport entre le général de la loi et la singularité de l'action que celui dans lequel la norme traverse la singularité de l'action qui doit se conformer à elle. Il est intéressant de comparer ce guidage de l'action par la loi à l'alternative discutée actuellement de l'agentivité comme initiative ou comme guidage[45]. L'agent est-il celui qui a l'initiative de l'action, celui qui initie une nouvelle série causale ou celui qui guide les causalités qui sont à l'œuvre dans le monde quand il y intervient, pour les orienter d'une certaine manière ? Ces alternatives, aussi bien à propos de l'agentivité qu'à propos de la normativité, se structurent autour d'une possibilité haute – l'action doit être conforme à la norme, l'agent a l'initiative de son action – et d'une possibilité basse – la norme guide l'action, et l'agent guide les causalités ; dans la seconde branche de l'alternative, qui, on l'a compris, est celle que je propose de retenir, le vague a un rôle déterminant à jouer.

Conclusion (en faveur d'un vague ontologique de l'humain)

Kit Fine établit une distinction à propos des concepts de la métaphysique qui en cela diffèrent précisément des concepts vagues que nous rencontrons ici ; il souligne la transparence des concepts de la métaphysique, qu'elle partage avec la logique :

> Les concepts de la métaphysique se distinguent aussi par la transparence. Pour le dire en un mot, un concept est transparent s'il n'y a pas de distance significative entre le concept et ce dont il est le concept. Ainsi, il y a une distance significative entre le concept d'eau et la substance H_2O dont il est le concept mais il n'y a pas de distance significative entre le concept d'identité et la relation d'identité dont il est le concept. Mon idée est alors que les concepts de la métaphysique ressemblent davantage au concept d'identité qu'au concept d'eau[46].

À partir de la définition que donne Kit Fine d'un concept transparent, il est possible de souligner que précisément les concepts de la pratique, et en particulier ceux qui permettent de décrire les situations humaines, ne sont pas transparents, mais précisément, qu'ils sont d'une grande opacité. Kit Fine, dans ce chapitre, donne les moyens de comprendre les raisons de cette opacité :

> La notion pertinente de généralité a plus à voir, selon moi, avec un contenu descriptif. [...] Ainsi, ce qui détermine la généralité d'un élément n'est pas la largeur de son application ou de son emploi mais la mesure dans laquelle il est sensible au caractère descriptif des items auxquels il s'applique – en sorte

■ 45. K. Setiya, dans *Reasons Without Rationalism*, Princeton, Princeton University Press, 2007, soutient qu'il peut y avoir agentivité sans initiative.
■ 46. K. Fine, « What is Metaphysics ? », *in* T. E. Tahko (ed.), *Contemporary Aristotelian Metaphysics*, Cambridge, Cambridge University Press, 2011, p. 9. Je traduis.

que les éléments les plus généraux sont les moins sensibles aux différences descriptives et les éléments les moins généraux y sont le plus sensibles. Ainsi, par exemple, la relation d'identité sera très générale dans cette conception puisque son application aux objets x et y est à peine sensible à la question de savoir s'ils sont un ou deux, tandis que la relation de tout à partie sera moins générale puisque son application sera aussi sensible aux relations métrologiques entre les objets[47].

Cette définition de la généralité est opérante à propos du droit et permet de comprendre ce que nous appelons généralité : elle consiste dans un éloignement de l'objet qui permet de faire tomber, sous la généralité, un plus grand éventail d'objets. Il me reste donc à formuler des hypothèses sur cette opacité fondamentale des concepts de la pratique, que je pense avoir mise en évidence, au regard de la transparence des concepts de la métaphysique ou de la logique. Je propose de les rattacher à l'infinité de variations possibles que rencontre l'humain et qui d'ailleurs le constitue. C'est ce que la notion d'approchant permet de faire apparaître chez Leibniz. Elle fait apparaître la possibilité d'une structure soritique dans l'identité de l'individu (qui, nous l'avons vu, la met en danger) :

Si on considère Sextus au moment où il vient de sortir du temple de Jupiter, ses prédicats sont en nombre infini, mais les prédicats qu'on connaît de lui sont en nombre fini. Dès lors, il y a un sens à dire que, si on le considère avant sa sortie du temple, les prédicats qu'on connaît de lui sont moins nombreux, puisqu'on ne peut pas lui attribuer le prédicat selon lequel il sort du temple. À mesure que nous reculerons dans le temps, nous penserons Sextus à l'aide de concepts qui seront sans doute de moins en moins caractéristiques du personnage que nous connaissons comme Sextus. Peut-être que, si nous reculons suffisamment, il viendra un moment où nous ne pourrons plus penser Sextus que comme un fils des parents de Sextus, mais à ce moment-là quel critère aurons-nous du fait que c'est bien Sextus – celui qui, des années plus tard, violera Lucrèce – que nous pensons encore, et en quel sens parlerons-nous des parents de Sextus quand nous nous trouverons en présence de gens dont nous saurons simplement qu'ils ont un fils qui vient de faire une rougeole ? du même coup, nous construirons à cet enfant des approchants dont on voit mal en quel sens on peut dire que ce sont des approchants de Sextus. Cette fois, c'est la singularité de Sextus qu'il semble bien difficile de garantir[48].

Je formulerais en effet pour conclure ces analyses une hypothèse sur la nature fondamentalement soritique de tout ce qui est humain, et qui permet d'ailleurs de faire apparaître son adossement à l'infini.

Isabelle Pariente-Butterlin
Aix Marseille Univ, IHP, Aix-en-Provence, France

■ 47. K. Fine, « What is Metaphysics ? », *in* T. E. Tahko (ed.), *Contemporary Aristotelian Metaphysics, op. cit.*, p. 17. Je traduis.
■ 48. J.-Cl. Pariente, « Autour de la notion complète. Le débat entre Leibniz et Arnauld », *Archives de Philosophie* 78 n°1, 2015, p. 105-106.

Bibliographie

Aristote, *Éthique à Nicomaque*, trad. fr. J. Tricot, Paris, Vrin.

Asgeirsson H., « On the Instrumental Value of Vagueness in the Law », *Ethics* 125, n°2, 2015, p. 425-48.

Aubenque P., *La prudence chez Aristote*, Paris, P.U.F., 1963.

Beth E. W., *Aspects of modern logic*, Dordrecht, D. Reichel Publishing Company, 1967.

Bourdieu P., *Sur l'État. Cours au Collège de France (1989-1992)*, P. Champagne, R. Lenoir, F. Poupeau, M.-Ch. Rivière (dir.), Paris, Seuil, 2012.

Brisson L., J.-Fr. Pradeau, *Dictionnaire Platon*, Article « Paradigme », Paris, Ellipse, 2013.

Cintula, P., Ch. G. Fermüller, C. Noguera, « Fuzzy Logic », *The Stanford Encyclopedia of Philosophy* (Fall 2017 Edition), E. N. Zalta (ed.), https://plato.stanford.edu/archives/fall2017/entries/logic-fuzzy/.

Dagognet Fr., *Le Trouble*, Paris, Les Empêcheurs de penser en rond, 1995.

Darriulat J., « Commentaire du *Politique* de Platon », http://www.jdarriulat.net/Auteurs/Platon/Politique/Politique3.html.

Dixsaut M., *Platon. Le désir de comprendre*, Paris, Vrin, 2003.

Dworkin R., *Taking Rights Seriously*, Cambridge (Mass.), Harvard University Press, 1977; trad. fr. M.-J. Rossignol et Fr. Limaire, Paris, P.U.F., 1995.

– *Law's Empire*, Belknap Press, 1986, trad. fr. E. Soubrenie, Paris, P.U.F., 1994.

El Murr D., « La division et l'unité du politique de Platon », *Les Études philosophiques* 74, n°3, 2005, p. 295-324.

Endicott T., « The Value of Vagueness », *in* V. K. Bhatia, J. Engberg, M. Gotti, D. Heller (eds), *Vagueness in Normative Texts*, Peter Lang, Bern, 2005; rééd. *in* A. Marmor, S. Soame (eds.), *Philosophical Foundations of Language in Law*, Oxford University Press, 2011, p. 14-30.

Evans G., « Can there be Vague Objects ? », *Analysis* 38, n°4, 1978, p. 208.

Fine K., « What is Metaphysics ? », *in* T. E. Tahko (ed.), *Contemporary Aristotelian Metaphysics*, Cambridge, Cambridge University Press. 2011, p. 8-25.

Gerbier L., « La politique et la médecine : une figure platonicienne et sa relecture averroïste », *Astérion* 1, 2003, mis en ligne le 04 avril 2005, consulté le 21 octobre 2018, http://journals.openedition.org/asterion/13 ; DOI : 10.4000/asterion.13.

Girard Ch., « Le raisonnement juridique en *Common Law* : la motivation comme justification », *in* P. Legrand (dir.) *Common Law, d'un siècle l'autre*, Québec, Éditions Yvon Blais, 1992, p. 318. Rééd. dans O. Pfersmann, G. Timsit (dir.), *Raisonnement juridique et interprétation*, Paris, Éditions de la Sorbonne, 2001.

Goldschmidt V., « Le paradigme dans la théorie platonicienne de l'action », *Revue des Études Grecques*, t. 58, fascicule 274-278,1945, p. 118-145, https://www.persee.fr/doc/ reg_0035-2039_1945_num_58_274_3046

Nguyen H. T., E. A. Walker, *A First Course in Fuzzy Logic* (third edition), London, Chapman and Hall-CRC, 2005.

Inwagen P. van, *Material Beings*, Ithaca, NY, Cornell University Press, 1990.

Leibniz G. W., *Nouveaux Essais sur l'entendement humain*, 1765, Chronologie et introduction par J. Brunschwig, Paris, GF-Flammarion, 1966.

Lisi F. L., « La politique platonicienne : le gouvernement de la cité », dans L. Brisson et F. Fronterotta (dir.), *Lire Platon*, Paris, P.U.F., 2014, p. 235-252.

MacCormick N., *Raisonnement juridique et théorie du droit*, Paris, P.U.F., 1996.

Pariente J.-C., « Autour de la notion complète. Le débat entre Leibniz et Arnauld », *Archives de Philosophie* 78, n°1, 2015, p. 75-110.

Peacoke Ch., *Holistic Explanation. Action, Space, Interpretation*, Oxford, Clarendon Press, 1979.

Platon, *Le Politique*, introduction, traduction (texte grec en vis-à-vis) et commentaire par M. Dixsaut, Paris, Vrin, 2018.

Platon, *Politique*, trad. fr. L. Brisson et J.-Fr. Pradeau, Paris, GF-Flammarion, 2011.

Russell B., *A Critical Exposition of the Philosophy of Leibniz*, New York, Routledge, 1996.

Scanlon T., *What we Owe to Each Other*, Cambridge (Mass.), The Belknap Press of Harvard University Press, 1998.

Sainsbury M., « What is a Vague Object ? », *Analysis*, 49, n°3, 1989, p. 99-103.

– *Paradoxes*, Cambridge, Cambridge University Press, 2009.

Setiya K., *Reasons Without Rationalism*, Princeton, NJ, Princeton University Press, 2007

Soames S., *Analytical Philosophy in America and Other Historical and Contemporary Essays*, Princeton, NJ, Princeton University Press : 2014.

Unger P., « I do not exist », 1979, « Je n'existe pas », trad. fr. I. Pariente-Butterlin, dans Fr. Nef et Y. Schmitt (dir.), *Textes clés de l'ontologie*, Paris, Vrin, 2017.

Williams B., *Ethics and the Limits of Philosophy*, London, Fontana Paperback, 1985, trad. fr. A.-M. Lescourret, Paris, P.U.F., 1990.

DOSSIER

Varia

DES EXTERNALISMES. DAVIDSON FACE À PUTNAM ET À BURGE

Mounir Tibaoui

Dans cet article, je tente de montrer que l'externalisme de Davidson constitue une inflexion décisive des débats analytiques concernant l'individuation des contenus mentaux et se démarque dès lors des externalismes type terre jumelle de Putnam et de Burge. Une telle inflexion est exprimée, à mon sens, par une ontologie des événements. L'intérêt et la portée de celle-ci peuvent être saisis à plus d'un titre. D'une part, elle permet de rendre la version davidsonienne de l'externalisme invulnérable aux objections souvent adressées à Putnam et à Burge. Elle permet, d'autre part, de congédier aussi bien la thèse des incompatibilistes qui font valoir que l'externalisme est incompatible avec une connaissance privilégiée de soi que celle des sceptiques révoquant en doute la possibilité d'une connaissance de soi, du monde extérieur, et des autres esprits.

« The mind is a kind of theatre… »

Hume, *A Treatise*, I. IV. 6

L'externalisme est devenu depuis les écrits des années 1970 de Kripke, Putnam, Burge et Davidson une position dominante aussi bien dans la philosophie du langage que dans la philosophie de l'esprit. Sa maxime générale est que l'individuation des états mentaux s'effectue en tenant compte totalement ou partiellement de l'environnement physique ou social. Une telle position a des retombées sur des débats névralgiques particulièrement en matière de philosophie de l'esprit comme le traitement du rapport entre les états physiques et les états mentaux, le statut du scepticisme, la nature de la mémoire, la question de la justification épistémique et notamment le problème très débattu dans la philosophie analytique de la compatibilité entre l'externalisme et la connaissance a priori et privilégiée de soi. Davidson répète inlassablement qu'il est un externaliste. Il va même jusqu'à baptiser Quine, son maître et l'un de ses interlocuteurs privilégiés, externaliste confirmé. L'externalisme dans ses deux versions inextricablement liées, perceptive et sociale, occupe une place centrale dans sa philosophie. Il fournit la réponse aux schémas d'interrogation majeurs tant de sa philosophie du langage et de l'esprit que de son épistémologie : le rapport entre la compréhension et l'interprétation, l'individuation des contenus mentaux, la relation entre le mental et le physique, et surtout l'autorité de la première personne. Dans cet article, j'essaie de montrer que c'est grâce à une ontologie des événements inédite se déployant dans la célèbre doctrine du monisme anomal, que la version davidsonienne de l'externalisme véhiculée par la théorie de la triangulation se démarque des versions de l'externalisme style terre jumelle amorcées par Hilary Putnam et Tyler Burge. Je suggérerai qu'une telle ontologie est en mesure, non seulement de rendre l'externalisme de Davidson invulnérable aux objections rencontrées par Putnam et Burge, mais aussi de répliquer à l'objection récurrente soulevée contre l'externalisme et reprise par Paul Boghossian selon laquelle l'externalisme serait incompatible avec l'autorité de la première personne. En outre, une telle ontologie est ce qui permet à l'externalisme de Davidson de faire face au scepticisme, position épistémologique toujours tenace.

> **L'externalisme semble être incompatible avec la connaissance de soi**

L'externalisme affronte deux problèmes inextricablement liés : celui de l'autorité de la première personne ou la connaissance de soi et le scepticisme. L'expérience de la terre jumelle développée par Putnam puis par Burge établit que la différence dans l'environnement engendre une différence dans les états mentaux des personnes physiquement identiques. L'objection formulée par les adeptes de la position qu'on qualifie, dans la philosophie de l'esprit, d'incompatibiliste consiste en ceci : si l'individuation des contenus mentaux dépend de l'environnement physique et social, comment peut-on admettre l'idée intuitive qu'on connaît de façon privilégiée ces mêmes contenus mentaux ? L'externalisme semble être incompatible avec la connaissance de soi ou, toutes choses étant égales, l'autorité de la première personne. Davidson devrait montrer contre Putnam mais aussi contre les incompatibilistes que si les significations sont identifiées par le biais des relations causales qu'elles entretiennent avec les objets et les événements en dehors de la tête, cela ne signifie pas qu'elles ne sont pas dans la tête. Pour répliquer à l'incompatibilisme, Davidson invoque deux arguments majeurs. Le premier consiste à pousser la critique putnamienne de l'internalisme à l'extrême en mettant en branle l'idée postcartésienne puis frégéenne qu'il y a des objets de la pensée qui peuvent être « saisis » (*grasped*) par l'esprit et en réfutant l'image de l'esprit comme un théâtre dans lequel le moi conscient contemple des entités comme les *sense data*, les *qualia* ou « le donné » de l'expérience. Cette image de l'esprit est à l'origine de ce que Davidson appelle « le troisième dogme de l'empirisme » qui est celui de la dualité du contenu, c'est-à-dire l'expérience non interprétée et le schème conceptuel. Évacuer un tel dogme exigeant de reconnaître l'existence d'entités comme les *sense data* ou les *qualia* conçues comme « des intermédiaires épistémologiques »[1], c'est congédier l'internalisme et le scepticisme notamment celui des sens. Le sceptique proclame qu'on peut toujours être dupe dans notre prétendue connaissance du monde extérieur. Le deuxième argument consiste à dire que le fait que c'est l'environnement physique et social qui détermine les états mentaux ne discrédite pas toutes les théories de l'identité du mental et du physique comme le soutient Burge. L'externalisme ne vient pas, aux yeux de Davidson, discréditer un type précis de théorie de l'identité établie par la doctrine du monisme anomal qui est une identité de particuliers et non pas de types. Le fait que les états mentaux surviennent sur les états physiques et en particulier sur les états du cerveau implique que les significations sont, n'en déplaise à Putnam, dans la tête. Le monisme anomal vient alors entériner l'externalisme et non pas le compromettre.

Dans cette réflexion, je m'arrêterai d'abord sur les traits saillants de l'externalisme de Putnam et de celui de Burge. Je m'appesantirai ensuite sur la critique que Davidson adresse à ces deux types d'externalisme. Je montre que c'est l'ontologie des événements, plaque tournante de toute la philosophie de Davidson, qui permet d'éviter « le troisième dogme de l'empirisme » dont l'externalisme de Putnam et celui de Burge demeurent, en dépit de leurs maintes divergences, prisonniers. Un tel dogme rend ces deux externalismes vulnérables au scepticisme. Je mets enfin au clair le rôle primordial joué par la triangulation que mobilise l'externalisme de Davidson en vue de faire face non seulement au scepticisme en assurant une asymétrie entre la connaissance de son propre esprit, celle des autres esprits et celle du monde extérieur, mais aussi de rétorquer aux formes de conventionnalisme à la Wittgenstein et à la Kripke, et ce en mettant en place une version originale d'un certain réalisme.

Le scénario terre jumelle ou le paradigme putnamien de l'externalisme

L'externalisme est une doctrine complexe qui suscite des problèmes qui sont au confluent de la philosophie du langage, de la philosophie de l'esprit et des théories qui traitent de la question de la justification épistémique. Il est exprimé par la célèbre expérience de pensée de la terre jumelle formulée par Putnam et reprise à nouveaux frais par Burge. Une telle expérience fournit le cadre général à l'intérieur duquel se déroulent les débats concernant l'individuation des contenus mentaux, la signification et la référence des termes utilisés dans le langage ordinaire. C'est par rapport aux deux formes de l'externalisme, perceptif et social, devenues traditionnelles et développées par Putnam et Burge que Davidson essaye de caractériser les traits spécifiques de la version de l'externalisme qu'il propose.

L'externalisme de Putnam est formulé dans un slogan résumant l'essentiel de son célèbre article « The Meaning of "Meaning" » (1975) : « Vous aurez

■ 1. D. Davidson, « The Myth of the Subjective », *in* D. Davidson, *Subjective, Intersubjective, Objective*, Oxford, Clarendon Press, 2001, p. 52. Je traduis.

beau retourner le problème dans tous les sens, rien à faire, les « significations» ne sont pas dans la tête »[2]. Un tel slogan est expliqué au moyen de l'expérience de pensée de la terre jumelle. Putnam nous invite à supposer qu'il existe quelque part dans la galaxie une planète que l'on appellera la Terre-Jumelle. Celle-ci ressemble beaucoup à la terre. Toutefois, il y a une particularité qui caractérise la Terre-Jumelle à savoir que le liquide appelé « eau » sur la Terre-Jumelle n'est pas de l'H_2O mais un liquide avec une formule chimique différente et qu'on désignera par XYZ. On supposera que le XYZ a les mêmes propriétés normales que l'eau comme le goût, la pression, ou le fait d'exister dans les lacs, les océans, et les mers dans la Terre-Jumelle etc. Le terrien et le terre-jumellien utilisent le mot « eau » de la même manière et la différence entre eau t (ce qui est appelé par le terrien « eau ») et eau tj (ce qui est appelé par le terre-jumellien « eau ») ne peut être dévoilée qu'en découvrant la formule chimique de chacune des deux substances. Ainsi, le mot « eau » a deux extensions différentes en ce sens que l'extension de eau t est H_2O, alors que celle de eau tj est XYZ. Toutefois, l'intension du mot « eau » est la même chez le terrien et le terre-jumellien, c'est-à-dire qu'ils ont le même état psychologique. Et Putnam d'en conclure que l'extension « (et, en fait, sa signification, dans l'usage pré-analytique intuitif du terme) n'est *pas* fonction du seul état psychologique du locuteur »[3].

L'expérience de pensée de la terre jumelle met en question « le concept traditionnel de signification »[4] qui repose sur deux présupposés étroitement liés : 1) Connaître la signification d'un terme consiste à être dans un certain état psychologique; 2) la signification d'un terme (au sens d'intension) détermine son extension en ce sens que l'identité de l'intension implique celle de l'extension. On reconnaîtra, notamment à travers le deuxième présupposé, la théorie de la signification telle qu'elle est développée par Frege. Ce dernier, dont le nom apparaît dans l'article de Putnam associé à celui de Carnap, est sévèrement critiqué dans ce que l'auteur considère être la matrice essentielle de sa philosophie : l'antipsychologisme. En effet, aux yeux de Putnam, la doctrine de Frege selon laquelle les significations sont une propriété publique implique certes l'acte d'identifier les concepts, et donc les intensions, à des entités abstraites plutôt que mentales. Cependant, l'acte de saisir ces entités abstraites demeure chez Frege, ainsi que le souligne Putnam, un acte psychologique individuel. Autrement dit, l'antipsychologisme de Frege n'est pas aussi radical qu'il ne le conçoit en ce sens qu'il « interdit seulement qu'on identifie des concepts à des particuliers d'ordre mental, pas à des entités mentales en général »[5]. Putnam refuse que l'acte psychologique, c'est-à-dire ce qu'il nomme « le contenu étroit » détermine l'intension et partant détermine, en vertu du deuxième présupposé du « concept traditionnel de signification », l'extension elle-même.

■ 2. H. Putnam, « The Meaning of "Meaning" », *in* H. Putnam, *Mind, Language and Reality. Philosophical Papers* 2, Cambridge, Cambridge University Press, 1997, p. 227. Trad. fr. D. Boucher, dans D. Fisette et P. Poirier (ed.), *Textes clés de philosophie de l'esprit. Problèmes et perspectives*, Paris, Vrin, 2003, p. 57. Dans la suite de notre article, les pages renvoient à la traduction française.
■ 3. *Ibid.*, p. 54. C'est Putnam qui souligne.
■ 4. *Ibid.*, p. 47.
■ 5. *Ibid.*, p. 51.

La sémantique de Putnam est focalisée sur les espèces naturelles comme « eau », « or », « citron », « tigre » etc. La signification de ces termes n'est pas tributaire d'un certain nombre de propriétés ou de descriptions définies qui leur sont associées sémantiquement de façon analytique comme c'est le cas chez Frege et Russell. Putnam soutient, à l'instar de Saul Kripke[6] mais aussi de Donnellan[7], que les espèces naturelles sont, selon la terminologie de Kripke, des désignateurs rigides. Un désignateur d'un objet est rigide s'il désigne cet objet dans tous les mondes possibles où cet objet existe. Dans le cas de l'espèce naturelle « eau », ce ne sont pas des propriétés comme être un liquide incolore, et inodore qui définissent l'eau, mais plutôt le fait que celle-ci soit H_2O dans tous les mondes possibles. H_2O est l'« étoffe » dont est faite l'eau ou sa « nature essentielle »[8] qui fait l'objet d'« une investigation scientifique et non d'une simple analyse de la signification »[9]. Caractériser les espèces naturelles de désignateurs rigides est justifié par leur caractère indexical. Des mots comme « maintenant », « ceci », « ici » sont dits indexicaux parce que « leur extension varie d'un contexte à l'autre ou d'une occurrence à une autre »[10]. La thèse putnamienne de l'indexicalité des espèces naturelles qui les distingue des autres termes généraux est l'équivalent de la thèse kripkéenne selon laquelle les espèces naturelles sont des désignateurs rigides[11]. La conception des espèces naturelles comme désignateurs rigides résultant, sur le plan polémique, de la réfutation de l'idée frégéenne qui préconise que c'est l'intension (le concept) qui détermine l'extension impose chez Putnam une conception directe ou causale de la référence. Les espèces naturelles et les noms en général renvoient directement aux objets dans l'environnement du locuteur et non à travers des descriptions. La référence d'un nom est déterminée par une chaîne causale qui mène, à travers ce que Putnam appelle « la division du travail linguistique »[12], du baptême qui lie un nom à un objet dans l'environnement du locuteur à la constance de l'association entre le nom et la référence chez les locuteurs qui se succèdent dans la chaîne causale. Putnam en conclut : « Négliger la division du travail linguistique, c'est négliger la dimension sociale de la cognition ; négliger ce que j'ai appelé l'indexicalité de la plupart des mots, c'est négliger la contribution de l'environnement »[13].

Cette citation dont la portée est cruciale dans l'économie de « The Meaning of "Meaning" » (1975) impose les deux remarques suivantes : 1) La dimension sémantique qui concerne la signification des termes désignant

■ 6. Cf. S. A. Kripke, « Naming and Necessity », in D. Davidson, G. Harman (eds.), Semantics of Natural Language, Dordrecht-Boston, D. Reidel Publishing Company, 1972, p. 253-355.

■ 7. K. Donnellan, « Proper Names and Identifying Descriptions », in D. Davidson, G. Harman (eds.), Semantics of Natural Language, op. cit., p. 356-379.

■ 8. H. Putnam, « Is Semantics Possible ? », in H. Putnam, Mind, Language and Reality. Philosophical Papers 2, op. cit., p. 140.

■ 9. Ibid., p. 141.

■ 10. H. Putnam, « The Meaning of "Meaning" », art. cit., p. 67.

■ 11. Cf. ibid., p. 68. Joseph Laporte soutient que Putnam se trompe lorsqu'il considère que sa thèse relative aux espèces naturelles et celle de Kripke ont la même portée. En effet, argue Laporte, la rigidité n'a rien à voir avec la manière dont un terme est lié à son référent. La rigidité répond plutôt à la question de savoir si un terme réfère à la même entité dans tous les mondes possibles. (Cf. J. Laporte, Rigid Designation and Theoretical Identities, Oxford, Oxford University Press, 2013, p. 50).

■ 12. Ibid., p. 83.

■ 13. Ibid.

les espèces naturelles et qui établit que celles-ci sont des désignateurs rigides est étroitement liée à la dimension méta-sémantique relative à la manière de dégager la signification de ces termes et qui établit que la signification de ces termes est déterminée de façon externaliste, c'est-à-dire à travers le rôle joué par l'environnement physique[14]. 2) L'externalisme physique est complété, chez Putnam, par un type de physicalisme social que l'on qualifiera de faible ou, pour utiliser une terminologie adaptée d'Akeel Bilgrami, non constitutif. Il s'agit d'un externalisme social faible dans la mesure où « la division du travail linguistique » signifie qu'un individu dépend des experts de sa société pour distinguer une chose d'une autre, un orme d'un hêtre pour utiliser l'exemple de Putnam lui-même, et donc « son concept d'un orme n'est pas entièrement indépendant de son environnement social »[15]. Cependant, cet externalisme social diffère, nous y reviendrons, de la version qu'en donne Tyler Burge parce que la dépendance de l'individu par rapport aux experts « est *une partie* de son concept d'un orme »[16]. C'est dire qu'il n'a pas le même concept d'orme que les experts ont. L'externalisme de Putnam ne répond pas, aux yeux de Bilgrami, à ce qui caractérise la thèse constitutive de l'externalisme social au sens fort, savoir que la référence est déterminée par le monde extérieur mais seulement suivant ce que les experts imposent et c'est là l'essentiel de l'idée selon laquelle la référence est socialement médiatisée.

L'externalisme ou l'anti-individualisme défendu par Tyler Burge est présenté comme une variation de la méthodologie de la terre jumelle mise en place par Putnam. Burge souligne, à l'instar de Putnam, le rôle crucial joué par l'environnement dans l'individuation des contenus mentaux. Toutefois, Burge trace les lignes de démarcation de la version d'externalisme qu'il propose par rapport à celle de Putnam. Deux déplacements significatifs interdépendants sont mis en avant. Le premier consiste en ce que le point focal est déplacé du langage vers l'esprit et le second est le déplacement de l'intérêt de la question de la référence, en matière de langage ou dans le domaine de la pensée vers la question du contenu représentatif[17]. L'objectif des deux articles séminaux dans lesquels Burge présente sa doctrine, « Individualism and the Mental » (1979) et « Other Bodies » (1982) consiste à montrer que les relations entre l'individu et l'environnement « aident à déterminer de façon constitutive non pas la simple référence mais les natures représentatives des états mentaux et des événements »[18]. Mais le rôle constitutif de l'environnement pour les états psychologiques n'est pas celui de l'environnement physique comme c'est le cas chez Putnam mais celui de l'environnement social ou des conventions de la communauté linguistique qui sont responsables des variations de la signification. Dans son « Individualism and the Mental » (1979), Burge présente

---

14. Je dois cette distinction entre la sémantique et la méta-sémantique des espèces naturelles à Asa Wikforss. *Cf.* A. Wikforss, « Are Natural Kind Terms Special ? », *in* H. Beebee, N. Sabbarton-Leary (eds.), *The Semantics and Metaphysics of Natural Kinds*, New York-London, Routledge, 2010, p. 65-66.

15. A. Bilgrami, *Belief and Meaning. The Unity and Locality of Mental Content*, Cambridge (Mass.), Blackwell Publishers, p. 23. Je traduis.

16. *Ibid.* C'est l'auteur qui souligne.

17. *Cf.* T. Burge, *Foundations of Mind. Philosophical Essays*. vol. 2, « Introduction », New York-Oxford, Oxford University Press, p. 10.

18. *Ibid.*, p. 14. Je traduis.

une expérience de pensée dont l'objectif est de montrer que la variation dans l'usage des mots au sein de la communauté linguistique d'un individu conduit à une variation dans les contenus de ses attitudes propositionnelles. Burge nous demande d'imaginer la situation suivante : une personne qui parle l'anglais et ne connaît pas parfaitement la signification du mot « arthrite ». Ayant une douleur dans la cuisse, elle dit à son médecin qu'elle a une arthrite. Le médecin la corrige en lui expliquant qu'on ne peut pas avoir une arthrite dans la cuisse. Elle s'aperçoit alors que sa croyance était fausse. Dans une deuxième étape de la même expérience, Burge nous invite à imaginer une situation contrefactuelle dans laquelle la même personne ou une personne contrefactuelle ayant la même histoire physiologique, comportementale, dispositionnelle et phénoménale au sein d'une communauté linguistique qui attribue au mot arthrite une signification plus large où « arthrite » peut désigner une douleur de la cuisse. Dans ces conditions, bien que la personne n'ait pas changé au niveau des différents aspects de son histoire ci-dessus mentionnés, elle dispose cette fois d'une croyance vraie.

Le monisme anomal et l'embarras du « troisième dogme de l'empirisme »

Davidson s'accorde avec Putnam et Burge sur un point fondamental : c'est l'histoire des interactions causales avec l'environnement et perceptif et social qui détermine le contenu de nos pensées et de nos énoncés. Cependant, il adresse une critique commune aux deux versions au demeurant différentes, putnamienne et burgienne, de l'externalisme selon laquelle les deux versions sont victimes d'une « image erronée de l'esprit »[19] où celui-ci est conçu comme « un théâtre où le moi conscient regarde un spectacle »[20] consistant dans les apparences, les *sense data*, les *qualia*, somme toute « le donné » de l'expérience. En d'autres termes, l'externalisme de Putnam et celui de Burge reprennent, à l'instar de l'empirisme de Quine, ce que Davidson appelle « le troisième dogme de l'empirisme », qui est celui du schème et du contenu. Comment Davidson va-t-il mobiliser son ontologie des événements pour riposter à l'accusation récurrente contre l'externalisme selon laquelle ce dernier serait incompatible avec l'autorité de la première personne et favorise partant une certaine forme de scepticisme ? L'ontologie moniste des événements mise en œuvre par Davidson entre-t-elle en conflit avec sa conception holiste des croyances ? Je m'arrêterai d'abord sur les arguments invoqués par Davidson contre les versions respectives, putnamienne et burgienne, de l'externalisme. Je mettrai ensuite en évidence le double intérêt de l'ontologie moniste des événements davidsonienne, d'un côté systématique consistant à souder les composantes théoriques du système de Davidson à savoir l'externalisme, le holisme des croyances, le monisme anomal et l'autorité de la première personne, et de l'autre polémique revenant à réfuter les formes de scepticisme.

▨ 19. D. Davidson, « Knowing One's Own Mind », *in* D. Davidson, *Subjective, Intersubjective, Objective, op. cit.*, p. 34.
▨ 20. *Ibid.*

Deux idées initiales développées par Putnam ont été critiquées par Davidson. D'abord l'essentialisme des espèces naturelles ; puis l'incompatibilité entre l'explication causale de l'individuation des contenus des attitudes propositionnelles et l'autorité de la première personne. Une définition assez générale de l'essentialisme concernant les espèces naturelles est avancée par Robert. A. Wilson :

> L'essentialisme est l'opinion selon laquelle les espèces naturelles sont individuées par les essences, où l'essence d'une espèce naturelle donnée est un ensemble de propriétés intrinsèques (peut-être non observables), chacune de ces propriétés est nécessaire et en même temps suffisante pour qu'une entité soit membre de cette espèce [21].

On ne va s'attarder sur le caractère non judicieux de l'association de l'essentialisme de Kripke et celui de Putnam, association qui pourrait passer outre la spécificité de l'essentialisme de Putnam, et dont Davidson, entre autres, serait responsable. Certes, Kripke et Putnam s'accordent sur plusieurs points. D'abord, leurs réflexions sur la théorie de la référence trouvent leurs points de départ dans leur sémantique et métaphysique des espèces naturelles. Puis, leur essentialisme selon lequel les noms des espèces naturelles sont déterminés par un acte de « baptême » et que ces espèces ont par conséquent une essence, est dicté par l'externalisme sémantique dont la littérature analytique caractérise la position de Kripke et de Putnam. Contrairement à l'internalisme sémantique, dont les adeptes affirment que la signification d'un terme dépend de la vie mentale du sujet individuel pensant, l'externalisme sémantique est la thèse selon laquelle la détermination de la signification des termes et du contenu mental dépend de l'environnement. Ensuite, les deux philosophes défendent une théorie causale de la référence. Enfin, Kripke et Putnam s'insurgent, sur le plan polémique, contre la théorie des descriptions notamment celle de Russell et de Frege selon laquelle la signification des noms propres n'est autre que le groupement (*cluster*) de leurs descriptions. En outre, leur conception causale de la référence se veut une critique du relativisme sémantique de Thomas Kuhn véhiculé par sa vision de l'incommensurabilité des théories scientifiques. Celle-ci met en doute l'idée d'une constance de la référence que laisse affirmer l'essentialisme de Kripke et de Putnam. Toutefois, ces points de convergence entre les deux philosophes n'autorisent pas l'association de leur nom sous un label comme « l'approche Kripke-Putnam » des espèces naturelles [22]. En effet, leurs théories respectives de la référence ont des motivations différentes et jaillissent surtout dans des cadres théoriques divergents : la théorie des modalités et celle des mondes possibles chez Kripke et la sémantique et la philosophie des sciences chez Putnam. On se contentera de souligner que Davidson nie que l'externalisme

---

■ 21. R. A. Wilson, « Realism, Essence, Kind : Resuscitating Species Essentialism », *in* R. A. Wilson (ed.), *Species. New Interdisciplinary Essays*, Cambridge (Mass.), The MIT Press, 1999, p. 188. Je traduis.

■ 22. Pour un examen de l'originalité de l'approche putnamienne des espèces naturelles et donc une critique des lectures associant les noms de Kripke et de Putnam comme adeptes de la même approche des espèces naturelles, *cf.* I. Hacking, « Putnam's Theory of Natural Kinds and their Name is not the same as Kripke's », *Principia* 11, n°1, 2007, p. 1-24.

soit une doctrine qui se rapporte aux seules espèces naturelles et donc à une catégorie bien déterminée de mots. À ses yeux, l'externalisme engage toutes les attitudes propositionnelles. En outre, Davidson s'accorde avec Putnam sur la thèse suivante : c'est la cause de mon usage d'un mot comme « eau » qui détermine ce qu'il signifie. Cependant, il ne croit pas que « l'identité de la microstructure est nécessairement l'identité pertinente qui détermine la référence de mon mot "eau" »[23]. Encore faut-il souligner que la critique, par Davidson, de l'externalisme de Putnam met en branle l'une des constantes de sa pensée, le réalisme, et particulièrement le type de réalisme non épistémique défendu dans « The Meaning of "Meaning" » (1975)[24]. Un tel réalisme qui établit qu'il y a un monde indépendant de l'esprit qui détermine, de façon causale, le contenu de nos croyances a pour objectif d'assurer la jonction entre les conceptions respectives de l'objectivité, de la vérité, et de la référence chez Putnam et de battre en brèche la notion d'incommensurabilité des théories scientifiques défendue, au cours des années 1960, par Thomas Kuhn et Paul Feyerabend.

La deuxième idée putnamienne à laquelle s'attaque Davidson est celle de l'incompatibilité entre l'externalisme et l'autorité de la première personne. Davidson remet en question les deux présupposés venant asseoir une telle idée : 1) Si une pensée est identifiée par la relation qu'elle entretient avec quelque chose qui n'est pas dans la tête, elle n'est pas elle-même entièrement dans la tête. 2) Si une pensée n'est pas entièrement dans la tête, elle ne peut pas être « saisie » par l'esprit de la manière qu'exige l'autorité de la première personne. Davidson oppose à ces deux présupposés sa thèse suivante : l'individuation des significations par des relations à l'environnement physique et social n'implique pas que ces significations ne sont pas dans la tête. En effet, défendre la thèse contraire serait aussi insensé que de déduire du fait qu'être brûlé par le soleil présuppose l'existence du soleil, que le coup de soleil n'est pas un état de la peau elle-même[25]. Ainsi, l'externalisme va-t-il de pair avec ce que le monisme anomal établit à savoir l'identité entre les événements mentaux et les événements physiques. Une telle identité résulte de trois principes exhibant l'« apparente contradiction »[26] qui caractérise les événements mentaux : 1) Au moins certains événements mentaux interagissent causalement avec des événements physiques (le Principe d'Interaction causale) ; 2) des événements qui entretiennent des relations de cause à effet tombent sous des lois déterministes strictes (le Principe du Caractère Nomologique de la Causalité) ; 3) Il n'y a pas de lois déterministes strictes à partir desquelles on pourrait prédire et expliquer la nature exacte

■ 23. D. Davidson, « Epistemology Externalized », in D. Davidson, *Subjective, Intersubjective, Objective, op. cit.*, p. 198.

■ 24. Le réalisme scientifique ou non épistémique était la position défendue par Putnam au cours des années 1950 jusqu'à la fin des années 1970. Ce n'est pas ici lieu de s'arrêter sur le développement de la pensée de Putnam vers une position plutôt antiréaliste, laquelle position est en mesure d'atténuer la portée de la critique davidsonienne adressée à l'essentialisme des espèces naturelles amorcée dans le texte de 1975.

■ 25. *Cf.* D. Davidson, « Knowing One's Own Mind », in D. Davidson, *Subjective, Intersubjective, Objective, op. cit.*, p. 31.

■ 26. D. Davidson, « Mental Events », in D. Davidson, *Essays on Actions and Events*, Oxford, Oxford University Press, 2001, p. 208 ; trad. fr. P. Engel, *Actions et événements*, Paris, P.U.F, 1993, p. 278.

des événements mentaux (l'Anomie du Mental)[27]. L'identité psychophysique interdit le dualisme, et l'interaction entre le mental et le physique dément l'accusation d'épiphénoménalisme, c'est-à-dire l'affirmation de l'inertie causale du mental, que l'on porte à l'endroit du traitement davidsonien du problème corps-esprit. Cette identité qui est une identité de particuliers et non de types ou de propriétés est liée à la thèse de la survenance globale signifiant « qu'il ne peut pas y avoir deux événements qui soient semblables sous tous leurs aspects physiques mais qui diffèrent sous un aspect mental quelconque »[28]. La survenance suppose que l'identité entre le mental et le physique concerne les descriptions et non les propriétés physiques, ce qui suspend la possibilité de lois psychophysiques. C'est dire que l'identité n'est pas nomologique. Davidson est explicite à cet égard :

> Donc si les événements et états mentaux sont identiques aux événements et états physiques, les mêmes événements et états doivent avoir des descriptions dans les vocabulaires et mental et physique. Mais cela ne veut pas dire que les concepts classificatoires utilisés dans l'un de ces vocabulaires serviront dans la formulation des lois et par voie de conséquence pour donner des explications nomologiques qui sont pertinentes pour les phénomènes décrits dans l'autre vocabulaire. Le physique et le mental partagent les ontologies, mais non, si j'ai raison, les concepts classificatoires[29].

Le fait que les concepts mentaux liés aux attitudes propositionnelles ne puissent pas être incorporés à un système d'explication causale par des lois strictes est justifié par leur caractère normatif et donc le fait qu'ils relèvent d'une sphère régie par le principe de rationalité[30], ce qui veut dire que, pour se servir d'une terminologie épistémologique, le mental, bien qu'il soit en partie identique au monde physique, ne peut pas être incorporé dans les schèmes d'explication nomologique caractérisant la physique, la neurologie, la biologie ou le design computationnel.

La position métaphysique du monisme anomal est également mobilisée contre la thèse anti-individualiste ou externaliste de Burge selon laquelle toutes les théories de l'identité du mental et du physique, notamment telles qu'elles sont incarnées par le fonctionnalisme, seraient non plausibles voire absurdes. En effet, aux yeux de Davidson, deux individus peuvent être identiques sur le plan physique mais différents quant à leurs états mentaux. Ce qui fait leur différence est au juste « leurs histoires causales »[31]. En témoigne l'expérience de pensée suivante : Davidson nous invite à supposer qu'une foudre frappe

---

■ 27. *Cf.* D. Davidson, *Actions et événements*, *op. cit.*, p. 278-279.

■ 28. *Ibid.*, p. 286-287.

■ 29. D. Davidson, « Representation and Interpretation », *in* D. Davidson, *Problems of Rationality*, Oxford, Oxford University Press, 2010, p. 92. Je traduis. Dans son article intitulé « Thinking Causes » où Davidson se propose de répondre aux objections de Jaegwon Kim selon lesquelles les trois prémisses ci-dessus mentionnées du monisme anomal sont inconsistantes les unes avec les autres et la thèse de la survenance telle qu'elle est conçue par Davidson est inconsistante avec la première prémisse du monisme anomal et rend, par voie de conséquence, le mental complètement inerte, Davidson écrit : « La survenance dans n'importe quelle forme implique le monisme, mais elle n'implique ni réduction définitionnelle ni réduction nomologique » (D. Davidson, « Thinking Causes », *in* Heil, A. Mele (eds.), *Mental Causation*, Oxford, Clarendon Press, 1993, p. 5).

■ 30. *Cf.* D. Davidson, « Replies to Essays X-XII », *in* B. Vermazen, M. B. Hintikka (eds.), *Essays on Davidson. Actions and Events*, Oxford, Clarendon Press, 1985, p. 245.

■ 31. D. Davidson, « Knowing One's Own Mind », *in* D. Davidson *Subjective, Intersubjective, Objective*, *op. cit.*, p. 33.

un arbre mort dans un marécage auprès duquel Davidson s'assied. Son corps se réduit à ses éléments et par coïncidence l'arbre se transforme en double physique de Davidson. Ce double, le *swampman*, bouge exactement comme Davidson, rencontre les amis de Davidson et semble les reconnaître et répondre à leurs salutations en anglais. Il s'installe dans la maison de Davidson et semble écrire des articles sur la traduction radicale. Quelle est donc la différence entre Davidson et le *swampman*? Celui-ci ne peut pas reconnaître les amis de Davidson, il ne peut rien reconnaître. Il ne peut pas connaître les amis de Davidson, il ne peut pas se souvenir de la maison de Davidson. Il ne peut pas non plus entendre par le mot « maison » ce que Davidson y entend car le bruit « maison » qu'il fait n'a pas été appris dans un contexte qui lui donnerait sa signification exacte. Pis encore, on ne peut même pas dire que le *swampman* entend quelque chose par les bruits qu'il fait ou qu'il a des pensées.

La primauté de l'idiolecte, la triangulation et le scepticisme

Davidson relève, chez Burge, deux formes d'externalisme : un externalisme perceptif et un externalisme social. Il s'accorde avec la première forme d'externalisme selon laquelle le contenu des énoncés et des pensées dépend de l'histoire causale de la personne, c'est-à-dire de ses interactions avec l'environnement physique à travers la perception. Cet accord est justifié par la théorie davidsonienne de la signification dite distale en vertu de laquelle le contenu empirique et partant la signification sont déterminés par les propriétés des objets physiques et ce par opposition à la théorie proximale de la signification développée par Quine. Une telle théorie commande que le contenu empirique est plutôt déterminé par ce que Quine appelle « la signification-stimulus »; celle-ci étant la classe de toutes les stimulations sensorielles qui dictent, pour un locuteur donné, l'acquiescement à une phrase. L'externalisme perceptif met en doute les conceptions individualistes des états mentaux tels que décrits par Descartes. Cependant, il dispute l'idée de Burge affirmant qu'il serait difficile pour l'externalisme de réfuter le scepticisme global des sens tel qu'il est promulgué par Descartes, Hume et Russell. Les scrupules de Barry Stroud à l'endroit de cette idée ne peuvent qu'être entérinés par Davidson. S'il n'est pas facile, selon Burge, pour l'anti-individualisme de réfuter le scepticisme, que peut-on faire des propos de Burge selon lesquels, s'agissant de la perception, nous sommes quasiment immunisés de l'erreur? Si ces propos peuvent être envisagés comme un usage de l'idée que l'erreur présuppose la véridicité, ne nous sauvent-ils pas de certaines formes de scepticisme, du moins celui qui concerne les sens ou les objets que l'on perçoit?[32] Pour saisir la position de Burge envers le scepticisme, il convient de rappeler ce qui caractérise son anti-individualisme; attitude qu'il a soutenue tout au long de sa carrière philosophique. L'anti-individualisme est conçu par Burge comme étant un point de vue sur les conditions constitutives qui permettent à un individu d'avoir des états représentationnels quelconques.

■ 32. *Cf.* B. Stroud, « Anti-Individualism and Scepticism », *in* M. Hahn, B. Ramberg (eds.), *Reflections and Replies. Essays on the Philosophy of Tyler Burge*, Cambridge (Mass.), The MIT Press, 2003, p. 17.

DES EXTERNALISMES. DAVIDSON FACE À PUTNAM ET À BURGE

■

35

Dans la version qu'en donne Burge en 2010, ce point de vue est fondé sur deux principes. Premièrement, les natures des états mentaux dépendent des relations entre un objet indépendant de l'individu et ce même individu qui dispose de ces états[33]. Deuxièmement, pour qu'un individu puisse avoir un état représentationnel (comme une croyance ou une perception), cet état devrait être associé à des états représentationnels véridiques qui entretiennent des relations référentielles avec des objets. Autrement dit, avoir des états représentationnels exige l'entretien de relations d'association avec des états représentationnels véridiques[34]. Ce qui justifie la véridicité des croyances et des perceptions est le rapport qui existe, selon Burge, entre la croyance et la rationalité, et plus généralement la justification épistémique d'un côté, et la rationalité et la vérité, de l'autre[35].

Burge admet le slogan longuement répété dans ses ouvrages selon lequel « l'erreur présuppose un arrière-plan de véridicité »[36]. Il l'attribue à Quine et à Davidson. Il adopte en outre le fameux principe de charité constituant la condition de l'exercice de la traduction radicale chez Quine et de l'interprétation radicale chez Davidson. Il faut encore rappeler que Davidson répète inlassablement que « la croyance est dans sa nature véridique »[37]. Bien qu'il semble s'accorder avec Davidson sur le fait que « nous sommes presque immunisés contre l'erreur en affirmant l'existence d'instances de nos types perceptifs »[38], Burge précise que « nous ne sommes pas immunisés contre l'erreur massive clairement dramatique dans la caractérisation de la nature du monde empirique »[39]. C'est ainsi qu'il considère que le slogan selon lequel « l'erreur présuppose un arrière-plan de véridicité » est « parfois employé improprement »[40] par des philosophes comme Quine et Davidson. Davidson interprète l'idée de véridicité, souligne Burge, « en termes de véridicité nécessaire »[41]. Le fait que la plupart de nos représentations perceptives dérivent leurs contenus, selon la position anti-individualiste, de leur interaction avec l'environnement, ne nous rend pas, aux yeux de Burge, immunisés contre l'erreur. Par conséquent, une réplique au scepticisme qui ne commet pas de pétition de principe est une tâche difficile. Le slogan ci-dessus mentionné serait la réplique au scepticisme s'il était entendu, soutient Stroud, dans une acception bien particulière : quiconque considère que les gens ont un ensemble de croyances bien déterminées devrait envisager ces mêmes croyances comme étant, dans une grande mesure, vraies[42]. Attribuer aux gens des croyances exige de les prendre pour vraies en grande partie, car prendre un ensemble de propositions pour faux suspend la possibilité de les

■ 33. *Cf.* T. Burge, *Origins of Objectivity*, Oxford, Oxford University Press, 2010, p. 61.
■ 34. *Ibid.*, p. 68.
■ 35. *Cf.* T. Burge, « Some Reflections on Scepticism : Reply to Stroud », *in* M. Hahn and B. Ramberg (eds.), *Reflections and Replies, op. cit.*, p. 337.
■ 36. T. Burge, *Foundations of Mind. Philosophical Essays*, vol. 2, *op. cit.*, p. 203. Je traduis.
■ 37. D. Davidson, « A Coherence Theory of Truth and Knowledge », *in* D. Davidson, *Subjective, Intersubjective, Objective, op.cit.*, p. 146.
■ 38. T. Burge, *Foundations of Mind. Philosophical Essays*, vol. 2, *op. cit.*, p. 203.
■ 39. *Ibid.*
■ 40. *Ibid.*
■ 41. *Ibid.*, p. 336.
■ 42. *Cf.* B. Stroud, « Anti-Individualism and Scepticism », art. cit., p. 24.

attribuer aux gens avec lesquels on partage un monde commun en tant que contenu de leurs croyances.

Selon Davidson, l'externalisme est en mesure de suspendre le scepticisme global. Dans son article « A Coherence Theory of Truth and Knowledge » (1983), l'auteur invoque deux arguments assez liés. Le premier, qui est une sorte d'argument transcendantal concernant les conditions de possibilité des croyances, consiste à dire que celles-ci sont causées par leurs objets. Davidson est explicite sur le rapport entre cette idée et l'efficacité d'une réfutation du scepticisme :

> Ce qui constitue la pierre d'achoppement devant le scepticisme global des sens est, à mon avis, le fait que nous devons, dans les cas les plus basiques sur le plan méthodologique, considérer les objets d'une croyance comme étant les causes de cette croyance. Et ce que nous, comme interprètes, devons les prendre pour ce qu'ils sont effectivement. La communication commence où les causes convergent : ton énoncé signifie ce que le mien signifie si la croyance dans sa vérité est systématiquement causée par les mêmes événements et objets[43].

Ce passage suggère les remarques suivantes : 1) Il ne concerne pas une théorie causale de la référence à la Kripke ou à la Putnam, mais plutôt une théorie causale de la signification. En effet, tient à préciser Davidson, la première théorie cherche les relations causales entre les noms et les objets, lesquelles relations peuvent ne pas être connues par les locuteurs, ce qui augmente les chances de l'erreur systématique. En revanche, la théorie causale de la signification procède par voie inverse, et ce en établissant une connexion entre la cause d'une croyance et son objet[44]. Ainsi barre-t-elle la route devant le sceptique qui prétendrait qu'on pourrait avoir des croyances sans qu'un objet lui corresponde et qui seraient par conséquent fausses. 2) Cette théorie causale de la signification qu'impose l'externalisme de Davidson est solidaire de sa conception de la compréhension et de la communication comme interprétation et du principe qu'elle mobilise : le principe de charité. Le deuxième argument a trait à l'individuation des croyances. Davidson qui insiste sur l'interdépendance entre la croyance, la vérité et la signification proclame : « La croyance est dans sa nature véridique »[45]. Le caractère intrinsèquement véridique de la croyance est justifié par une conception holiste de la croyance, des attitudes propositionnelles en général, et du mental, c'est-à-dire une conception selon laquelle l'individuation d'une croyance et par là même son contenu dépendent de ses relations avec un système de croyances :

> L'agent a seulement à réfléchir à ce sur quoi porte une croyance pour se rendre compte que la plupart de ses croyances de base sont vraies, et que parmi ses croyances, celles qui sont soutenues de la façon la plus sûre et qui sont cohérentes avec le corps essentiel de ses croyances, sont les plus aptes à être vraies[46].

■ 43. D. Davidson, « A Coherence Theory of Truth and Knowledge », in D. Davidson, *Subjective, Intersubjective, Objective, op. cit.*, p. 151.
■ 44. Cf. *ibid.*, n 7.
■ 45. *Ibid.*, p. 146.
■ 46. *Ibid.*, p. 153.

Le fait que les croyances soient justifiées par d'autres et que c'est cela même qui justifie leur prétention à la vérité suspend le doute sceptique qui concerne la perception et donc le monde extérieur lequel doute prend dans sa forme exacerbée la forme de l'idée que nous sommes des cerveaux dans une cuve. L'erreur massive est dès lors impossible. La véridicité de la croyance envisagée comme « lemme davidsonien »[47] eu égard à son importance dans le système de Davidson est commandée en outre par la conception de la communication comme interprétation. En effet, dans l'interprétation on exige l'accord entre les croyances du locuteur et celles de l'interprète. Et dans une situation de traduction radicale, c'est-à-dire dans une situation où l'interprète ne dispose d'aucune connaissance de la langue du locuteur ni de ses comportements, le rôle du principe de charité est crucial. Celui-ci incite à interpréter le locuteur comme ayant le plus possible de croyances vraies ce qui suspendrait le scepticisme concernant la perception. C'est ainsi que dans la formulation qu'il en donne dans son article « Three Varieties of Knowledge » (1991), Davidson distingue entre deux principes de charité : le premier est le Principe de Correspondance lequel incite l'interprète à considérer que le locuteur répond aux mêmes aspects du monde auxquels lui, interprète, répond dans les mêmes circonstances. Le deuxième, est le Principe de cohérence qui demande de l'interprète qu'il reconnaisse un certain degré de consistance logique dans la pensée du locuteur[48]. On ne va pas, à ce propos, s'appesantir sur l'analyse de l'expérience de pensée de l'interprète omniscient qui vient appuyer l'idée de la véridicité intrinsèque et ce en raison du fait que c'est Davidson lui-même qui regrette de s'être servi de cette expérience suite aux diverses critiques qui lui étaient adressées[49]. On se contentera plus loin d'exhiber le rôle que joue la thèse de la triangulation dans la critique de l'externalisme perceptif et social de Burge et la réfutation du scepticisme global à travers la mise en avant de l'asymétrie entre « les trois variétés de la connaissance » : la connaissance de son esprit, la connaissance des autres esprits, et la connaissance du monde.

Bien qu'il s'accorde avec Burge à mettre en relief le rôle des facteurs sociaux dans l'individuation des croyances, et somme toute des états mentaux, Davidson exprime son insatisfaction par rapport aux arguments invoqués par Burge en faveur de sa version de l'externalisme social. Trois raisons président à une telle insatisfaction : 1) Davidson récuse toute forme de normativité dans l'usage du langage attribuée à une quelconque communauté linguistique. En effet, prétendre que c'est cette dernière qui détermine le sens des mots utilisés par une personne nous confronte « au problème de décider quel est le groupe qui détermine les normes »[50]. À la version burgienne de l'externalisme

---

■ 47. C'est ainsi que Michael Glanzberg en vient à caractériser l'idée de véridicité chez Davidson. *Cf.* M. Glanzberg « The Concept of Truth », *in* E. Lepore, K. Ludwig (eds.), *A Companion to Donald Davidson*, Oxford, WILEY Blackwell, 2013, p. 164.

■ 48. *Cf.* D. Davidson, « Three Varieties of Knowledge », *in* D. Davidson, *Subjective, Intersubjective, Objective*, *op.cit.*, p. 201.

■ 49. *Cf.* D. Davidson, « Reply to A. C. Genova », *in* L. E. Hahn (ed.), *The Philosophy of Donald Davidson*, LaSalle, IL, Open Court Publishing Company, 1999, p. 192.

■ 50. D. Davidson, « Epistemology Externalized », *in* D. Davidson, *Subjective, Intersubjective, Objective*, *op.cit.*, p. 199.

social, Davidson oppose sa thèse de la primauté conceptuelle de l'idiolecte par rapport au langage social envisagé comme un ensemble systématique de conventions qui commande la communication. Comment Davidson peut-il réconcilier cette thèse avec l'affirmation maintes fois répétée par Davidson à la suite de son maître Quine que le langage est intrinsèquement social ou public ? Comment Davidson peut-il expliquer la communication sans faire recours à une norme sociale ? La question de la normativité dans l'usage du langage est-elle étrangère au système de Davidson ? Cette thèse commande la critique d'un certain conventionnalisme que l'on trouve non seulement chez Burge mais aussi chez Kripke et Michael Dummett. Selon les conventionnalistes le langage est conçu comme un système de significations, partagées et gouvernées par des conventions ou des régularités que l'on acquiert par un exercice d'apprentissage. L'anti-conventionnalisme de Davidson est exprimé dans cette phrase :

> La possibilité théorique de la communication sans pratiques partagées demeure philosophiquement importante parce qu'elle montre qu'un tel partage ne peut pas être un constituant essentiel de la signification et de la communication [51].

Dans son débat avec Dummett, Davidson mobilise ses quatre articles « Communication and Convention » (1982) [52], « A Nice Derangement of Epitaphs » (1986) [53], « The Second Person » (1992) [54], et « The Social Aspect of Language » (1994) [55] afin de montrer que bien que les règles conventionnelles soient nécessaires pour la pratique du langage, elles ne sont « ni nécessaires ni suffisantes pour la communication linguistique réussie » [56]. Pour justifier sa thèse, Davidson invoque le phénomène linguistique des malapropismes (*malapropisms* ou *malaprops*). Un tel phénomène désigne les expressions que l'on pourrait utiliser et qui ne sont pas issus de l'apprentissage, ou les expressions qui ne peuvent pas interprétées selon leur usage standard, c'est-à-dire suivant les règles conventionnelles comme les actes manqués et les métaphores. L'exemple que Davidson avance est celui de Mrs. Malaprop qui, dans la pièce de théâtre de Richard Brinsley Sheridan, prononce « joli dérangement des épitaphes » tout en voulant dire « joli dérangement des épithètes ». L'auditeur est en mesure de comprendre son énoncé en dépit de la transgression des règles conventionnelles de l'usage des expressions. Davidson élucide son propos au moyen de sa distinction principielle entre ce qu'il appelle une théorie première et une théorie seconde. S'agissant de l'auditeur, la théorie première exprime comment il est disposé à interpréter un énoncé du locuteur, quant à la théorie seconde, elle désigne comment il

■ 51. D. Davidson, « The Social Aspect of Knowledge », *in* B. McGuinness, G. Oliveri (eds.), *The Philosophy of Michael Dummett*, Dordrecht, Kluwer Academic Publishers, 1994, p. 10. Je traduis.
■ 52. D. Davidson, « Communication and Convention », *in* D. Davidson, *Inquiries into Truth and Interpretation*, Oxford, Clarendon Press, 1984, p. 265-280, trad. fr. P. Engel, *Enquêtes sur la vérité et l'interprétation*, Nîmes, Editions Jacqueline Chambon, 1993, p. 377-398.
■ 53. D. Davidson, « A Nice Derangement of Epitaphs », *in* E. Lepore (ed.), *Truth and Interpretation. Perspectives on the Philosophy of Donald Davidson*, Oxford, Basil Blackwell Ltd., 1993, p. 433-446.
■ 54. D. Davidson, « The Second Person », *in* D. Davidson, *Subjective, Intersubjective, Objective*, *op. cit.*, p. 107-121.
■ 55. D. Davidson, « The Social Aspect of Language », *in* B. McGuinness, G. Oliveri (eds.), *The Philosophy of Michael Dummett*, *op. cit.*, p. 1-16.
■ 56. *Ibid.*, p. 2.

interprète *de facto* l'énoncé. Pour le locuteur, la théorie première est ce qu'il croit être la première théorie de l'interprète, quant à sa théorie seconde, elle est ce qu'il entend que l'interprète utilise[57]. Appliquée à l'exemple mentionné cette distinction revient à ceci : la théorie primaire et la théorie seconde de Mrs. Malaprop est que « joli dérangement des épitaphes » signifie joli dérangement des épithètes. Un interprète qui connaît le français et qui ne connaît pas les habitudes verbales de Mrs. Malaprop, a une théorie primaire selon laquelle « joli dérangement des épitaphes » signifie joli dérangement des épitaphes ; mais sa théorie seconde s'accorde avec celle de Mrs. Malaprop s'il comprend les mots qu'elle prononce. La réussite de la communication ou, autrement dit, « l'asymptote d'accord et de compréhension est atteinte » non pas lorsque le locuteur et l'interprète se partagent un ensemble de règles conventionnelles établies par une communauté linguistique, mais lorsque leurs théories secondes respectives coïncident. Curieusement Davidson conclut son article « A Nice Derangement of Epitaphs » (1986) par ceci : « Il n'y a rien de tel qu'un langage si un langage n'est rien d'autre que ce que plusieurs philosophes et linguistes ont supposé qu'il en est. Il n'y a pas par conséquent quelque chose qui peut être appris, contrôlé, ou dont on puisse être né avec. Nous devons abandonner l'idée d'une structure partagée clairement définie que les usagers du langage acquièrent et puis appliquent à des cas particuliers (…) Nous devons abandonner la tentative d'élucider la façon dont nous communiquons en faisant appel à des conventions »[58]. Ayant nié le rôle des conventions et des régularités en matière de communication, comment Davidson pourrait-il expliquer la normativité indispensable à l'usage du langage ? Comment peut-il distinguer entre l'usage correct des mots et leur usage incorrect ou faut-il conclure que le schéma d'interrogation relatif à la normativité du sens est étranger au système de Davidson ?

Dans son débat avec Dummett qui l'accuse de ne pas fournir, à travers son affirmation de la primauté conceptuelle de l'idiolecte par rapport aux règles conventionnelles du langage, un critère permettant de distinguer entre utiliser un mot correctement et l'utiliser de façon incorrecte, Davidson reconnaît l'importance de ce que l'on pourrait appeler « le problème de Wittgenstein ». Celui-ci, qui représente une sorte de défi auquel est confrontée la thèse davidsonienne de la primauté de l'idiolecte, consiste « à tracer la distinction dont Wittgenstein avait faite le centre de l'étude de la signification, la distinction entre utiliser les mots correctement et le simple fait de croire que quelqu'un est en train de les utiliser correctement, sans faire appel à l'épreuve de l'usage commun »[59]. Davidson qui s'accorde avec Wittgenstein mais aussi avec Dummett, Kripke et Burge sur le caractère intrinsèquement social ou public du langage et partant l'argument du langage privé wittgensteinien, devrait donc répondre au paradoxe de l'interprétation tel qu'il est formulé au paragraphe 201 des *Recherches philosophiques*. Il se trouve donc devant

---

■ 57. *Cf.* D. Davidson, « A Nice Derangement of Epitaphs », *in* E. Lepore (ed.), *Truth and Interpretation*, *op. cit.*, p. 442.
■ 58. *Ibid.*, p. 446.
■ 59. D. Davidson, « The Social Aspect of Language », *in* B. McGuinness, G. Oliveri (eds.), *The Philosophy of Michael Dummett*, *op. cit.*, p. 10.

une tâche ardue : justifier la possibilité de la communication et la normativité du sens tout en évitant les considérations wittgensteiniennes concernant le *rule following*, les conséquences sceptiques que Kripke déduit à partir du paradoxe de l'interprétation tel qu'il est formulé par Wittgenstein et la thèse nodale de Dummett qui établit la primauté d'une théorie de la signification par rapport à une théorie de la communication.

Davidson trouve une telle justification dans ce qu'il appelle la triangulation. Celle-ci est une démarche qui engage deux ou plusieurs personnes en interaction d'un côté les uns avec les autres et de l'autre avec les objets distaux ou les événements du monde extérieur. Le triangle est composé du locuteur, de l'interprète et de l'objet. Tout comme Wittgenstein, Davidson a recours à la situation de l'apprentissage. Dans l'apprentissage d'un enfant du mot « table », l'enfant trouve que les tables sont similaires, nous trouvons que les tables sont similaires. C'est ce qui donne un sens au fait de dire que les réponses de l'enfant sont des réponses à des stimuli qui sont en l'occurrence les objets ou les événements qui sont les tables. Et le stimulus est localisé où les lignes allant de l'enfant vers la table et de nous vers la table convergent[60]. C'est la triangulation qui assure d'un côté un contenu à la pensée propositionnelle, c'est-à-dire des objets ou des événements auxquels se rapportent nos réponses, et d'un autre l'objectivité de la pensée dans la mesure où elle a un contenu qui est vrai ou faux indépendamment de la personne qui pense[61]. Contrairement à ce que pense Kripke dans sa lecture de Wittgenstein qui considère que parler un langage et donc la communication dépend du suivi d'un certain nombre de règles et par là parler comme font les autres, Davidson soutient que c'est la possibilité d'interprétation qui constitue le facteur social indispensable pour le langage et la communication. L'interprète comprend le locuteur quand il l'interprète suivant son intention. Davidson accorde, à la suite de Grice, une grande importance à l'intention en matière de communication. Le rôle du principe méthodologique d'interprétation, le principe de charité, est, à cet égard, primordial. Bien qu'il s'accorde « avec l'intuition wittgensteinienne selon laquelle la source légitime de l'objectivité est l'intersubjectivité »[62], Davidson refuse que l'exercice de l'interprétation soit le foyer d'un paradoxe vu qu'il récuse ce qui l'a engendré à savoir la conception de la communication en termes de suivi de règles. Le problème de « la similarité normative » selon l'expression de Meridith Williams[63], qui est le problème fondamental du langage chez Wittgenstein et qui conduit ce dernier au rejet des définitions ostensives comme moyen de détermination de la signification, sa réflexion sur le thème de suivi de règles et son argument du langage privé, est tout à fait étranger à la philosophie de Davidson. Conçue dans son double rôle mentionné, la triangulation assure la jonction entre l'externalisme perceptif et l'externalisme social.

■ 60. *Cf.* D. Davidson, « The Second Person », *in* D. Davidson, *Subjective, Intersubjective, Objective, op. cit.*, p. 119.

■ 61. *Cf.* D. Davidson, « The Emergence of Thought », in *ibid.*, p. 129.

■ 62. D. Davidson, « Externalisms », *in* P. Kotatko, P. Pagin, G. Segal (eds.), *Interpreting Davidson*, Stanford, CA, CSLI Publications, 2001, p. 12-13. Je traduis.

■ 63. *Cf.* M. Williams, *Wittgenstein, Mind and Meaning. Toward a Social Conception of Mind*, London-New York, Routledge, 1999, p. 217-223. Je traduis.

2) La deuxième réserve que Davidson formule à l'égard de l'externalisme social de Burge a trait à un problème névralgique dans la philosophie du langage et la philosophie de l'esprit : celui de la comptabilité entre l'externalisme et l'autorité de la première personne. Davidson soutient que le fait de lier la signification des mots et énoncés du locuteur à leur usage au sein d'une élite « dont il peut ne pas être conscient »[64] ne peut qu'aboutir à un conflit entre l'externalisme social et l'autorité de la première personne. Davidson qui s'accorde avec Burge à affirmer l'autorité de la première personne sur la connaissance de ses attitudes propositionnelles et sur le caractère immédiat, c'est-à-dire non inférentiel, d'une telle connaissance, suggère l'idée d'une interdépendance entre « trois variétés de la connaissance » : la connaissance de soi, celle des autres esprits et celle du monde. Nulles « "barrières" logiques ou épistémiques »[65] n'existent entre ces trois types de connaissances interdépendantes et irréductibles les unes aux autres et c'est la théorie de la triangulation qui assure leur jonction. 3) La dernière origine d'insatisfaction de Davidson par rapport à l'externalisme social de Burge est la méfiance qu'a Davidson vis-à-vis des expériences de pensée qui « prétendent révéler ce que nous pourrions dire dans des conditions qui, en fait, ne se présentent jamais »[66]. Le mérite de la version de l'externalisme que propose Davidson consiste dès lors à s'appuyer sur « notre pratique effective »[67]. Paradoxalement, Davidson a eu recours à des expériences de pensée, notamment celles du *swampman* et de l'interprète omniscient pour étayer ses idées et leur usage a fait l'objet de critiques hostiles qui ont conduit Davidson à regretter d'y recourir et s'en débarrasser. Dailleurs, revenant sur l'usage qu'il a fait de l'expérience de pensée du *swampman*, Davidson reconnaît que cet usage est embarrassant et la raison en est que ces histoires de science-fiction fournissent une preuve faible pour les intuitions concernant le concept de personne ou ce qui constitue une pensée[68].

Conclusion

L'externalisme de Davidson présuppose d'un côté la réfutation du troisième dogme de l'empirisme, à savoir la distinction entre un schème et un contenu. Sa théorie distale de la signification en est l'alternative. D'un autre côté, Davidson mobilise le monisme anomal, soit une ontologie moniste des événements mentaux et physiques, pour mettre en évidence, contre la version putnamienne et burgienne de l'externalisme, la compatibilité entre l'externalisme et l'autorité de la première personne. En outre, la théorie de la triangulation qui exprime l'interaction, dans la communication envisagée comme processus d'interprétation, entre un interprète, un locuteur et l'environnement assure l'interdépendance entre l'externalisme perceptif que Davidson hérite de Putnam et l'externalisme social. Au demeurant, la théorie

■ 64. D. Davidson, « Epistemology Externalized », *in* D. Davidson, *Subjective, Intersubjective, Objective, op. cit.*, p. 199.
■ 65. D. Davidson, « Three Varieties of Knowledge », in *ibid.*, p. 214.
■ 66. D. Davidson, « Epistemology Externalized », in *ibid.*, p. 199.
■ 67. *Ibid.*
■ 68. *Cf.* D. Davidson, « Interpretation : Hard in Theory, Easy in Practice » *in* M. de Caro, *Interpretations and Causes. New Perspectives on Donald Davidson's Philosophy*, Dordrecht, Kluwer Academic Publishers, 1999, p. 35.

de la triangulation véhicule un réalisme minimal qui distingue la position de Davidson du réalisme non épistémique de Putnam, du molécularisme de Dummett qui ne se laisse pas défaire de son antiréalisme et, enfin, d'un certain conventionnalisme répondant, chez Wittgenstein et Kripke, au thème de suivi des règles. La même théorie, en établissant l'asymétrie entre la connaissance de soi, la connaissance des autres esprits et la connaissance du monde extérieur, met en branle le scepticisme. Pour originale qu'elle soit, la version davidsonienne de l'externalisme affronte un problème agaçant : celui de l'apparente incompatibilité entre interprétation, holisme, rationalité et principe de charité d'une part et externalisme et atomisme de l'autre. Exhiber la compatibilité de telles positions davidsoniennes excède le cadre circonscrit du présent article.

Mounir Tibaoui
Université de Tunis-El Manar et ENS de Tunis

DOSSIER

Varia

LA NAUSÉE : ESSAI D'INTERPRÉTATION DYNAMIQUE

Charles-André Mangeney

Cet article tente d'utiliser la méthode phénoménologique afin de proposer une description de la nausée à partir d'une perspective dynamique, à rebours des analyses traditionnelles fondées sur la contingence. Il s'agit de voir que la nausée doit être pensée à partir d'une distinction entre motricité et mobilité subjectives résultant d'une transformation de la motion en locomotion. Étant en mouvement sans se mouvoir, le sujet y est susceptible de saisir en même temps le monde extérieur et l'habitacle de son véhicule comme le sol immobile sur fond duquel seulement sa mobilité sera possible. La nausée sera alors l'expérience de la perte de notre appartenance par sa propre démultiplication.

É tant donné que nous voudrions prendre pour thème de nos investigations le sentiment de nausée, il semblerait tout indiqué pour nous d'aller puiser dans les ressources de la psychologie contemporaine. En effet, la nausée, en sa nature d'émotion ou de sentiment, peut se définir comme un état mental ou fait psychique interne, état mental qui constitue par définition l'objet de la psychologie comme science spéciale (à la différence de la physique ou de la biologie), en tant que cette dernière à pour rôle d'en déterminer l'étiologie au sens large, c'est-à-dire de le décrire et de l'expliquer en le subsumant sous une loi permettant d'en circonscrire avec précision les variations concomitantes avec d'autres facteurs, psychologiques ou non [1]. Néanmoins, c'est à la phénoménologie que nous emprunterons notre méthode, et ceci parce qu'il nous semble problématique de laisser à la psychologie le monopole du psychisme et cela pour une raison de principe. C'est cette raison de principe

---

1. C'est ce que fait par exemple Michelle Larivey dans *La puissance des émotions. Comment distinguer les vraies des fausses*, Paris, Éditions de l'homme, 2002, voir principalement sur la nausée la cinquième section.

que nous voudrions d'abord développer, avant d'entrer dans le vif d'une description phénoménologique de la nausée.

Historiquement, la phénoménologie ne s'est nullement construite comme une réfutation de la psychologie en elle-même, mais du psychologisme, ce qui est tout différent[2]. Autrement dit, l'argument essentiel de la phénoménologie à l'égard de la psychologie n'est pas de nature réfutative, mais simplement critique : il ne s'agit pas de révoquer en doute les avancées de la psychologie, mais de réajuster ses prétentions effectives aux limites de ce à quoi elle peut légitimement prétendre (comme la *Critique de la raison pure* ne visait qu'à retrouver les justes limites de la raison, et non à la nier). On trouve par exemple cette critique de principe dans l'introduction à la phénoménologie rédigée par Jan Patočka :

> Dans la mesure où elle [la phénoménologie] conçoit cette investigation comme une tâche philosophique fondamentale, elle ne peut accepter la subordination usuelle du problème de l'apparition à la psychologie qui s'appuie sur les sciences de la nature et leur emprunte ses méthodes[3].

L'enjeu ici n'est rien d'autre que la subordination de l'intégralité du problème de l'apparition, c'est-à-dire de la représentation du monde extérieur par un sujet, à la psychologie. La critique de Patočka, et avec lui de la phénoménologie, à l'égard de la psychologie se borne donc à soustraire une partie du problème de l'apparition du monde pour un sujet à l'investigation psychologique. Pourquoi une telle critique devrait-elle être adressée à la psychologie, et qui plus est à la psychologie toute entière ?

Il va de soi que la psychologie elle-même n'est pas réductible à une seule tendance épistémologique, et qu'au cours du dernier siècle de nombreuses écoles se sont succédées, depuis le behaviourisme influencé par l'empirisme logique des années 1950, jusqu'à la psychologie cognitive et quantitative d'aujourd'hui[4]. Néanmoins, l'argument critique de la phénoménologie est transversal aux différentes tendances de la psychologie parce qu'il porte sur la décision ontologique fondamentale qui définit la psychologie comme telle : il s'agit donc de ce qui, peu importe le débat mené au sein de la psychologie, ne pourra être débattu sans remettre le cadre du débat lui-même en question. Il est question ici de la fondation de la psychologie comme science rigoureuse, c'est-à-dire positive, ce qui implique toujours que ce qu'elle étudie soit un *objet*, à savoir précisément quelque chose avec quoi il est loisible d'avoir un rapport parce que nous ne le sommes pas, qu'il est possible de rencontrer dans le milieu de l'extériorité et sur lequel un regard peut d'une manière ou

---

■ 2. Ainsi, Husserl, dès *Les fondements de l'arithmétique*, ne vise pas la psychologie, mais ses excès, qui prennent pour lui le nom de psychologisme. Comme l'énonce Renaud Barbaras, le psychologisme se définit, selon Husserl, par une double réduction : la réduction de ce qui est pensé au statut de production du sujet qui le pense, ainsi que la réduction de la norme de la pensée à la moyenne statistique des manières dont on pense effectivement. Ainsi, les idéalités mathématiques ou logiques seraient non pas ce à quoi l'on accède en pensant, mais ce que l'on produit par la pensée, et le nombre mathématique ne serait rien d'autre que le produit empirique de l'acte de numération. Voir à ce sujet R. Barbaras, *Introduction à la philosophie de Husserl*, Paris, Vrin, 2015, p. 34 *sq*.

■ 3. J. Patočka, *Qu'est-ce que la phénoménologie ?*, Grenoble, Millon, 2002, p. 229.

■ 4. Pour une rétrospective intéressante sur les débats qui ont agité le champ de psychologie depuis un siècle, principalement en Amérique du Nord, voir J. H. Stam, « Pour une psychologie théorique », *Bulletin de psychologie* 521, 2012, p. 441-452.

d'une autre être posé. Que ce choix soit celui du behaviourisme, cela va de soi puisque, selon l'article classique de Hempel, il se définit par la réduction de tout énoncé psychologique à un énoncé observationnel de type physique[5]. Mais ce choix est également celui de la psychologie non-éliminativiste à l'égard du fait psychique, c'est-à-dire de la psychologie introspective, puisque l'introspection n'est rien d'autre qu'un regard intérieur, dirigé vers un espace du dedans où se découvrent précisément des *faits* psychiques que l'on étudie comme des objets intimes.

La psychologie est donc unitairement l'étude que fait l'homme de l'homme lui-même à travers sa propre objectivation : il se rencontre, se recense et se décrit comme un objet. Néanmoins, l'homme qui fait la science de son propre esprit et qui a pour ambition de se trouver là-bas, tout au bout de sa construction indéfinie de soi comme objet de science doit bien être homme aussi en attendant, et ceci immédiatement. Si la connaissance de l'homme est le résultat du travail scientifique de l'homme sur soi, ce travail lui-même présuppose encore une relation de l'homme à soi qui ne se laisse pas définir par ces résultats, et qui n'est pas médiatisée par l'objectivation. Dans la vie originairement vécue, je ne tombe pas sur moi ou mon esprit comme sur des faits positifs donnés à mon regard, je ne me rencontre pas comme on rencontre autrui au coin de la rue ou comme on trouve une mesure expérimentale sur un appareil, mais j'adhère à moi-même comme la peau sur les os ou le verso au recto d'une feuille de papier. Parce que le sujet qui est objet de la psychologie doit s'objectiver, il doit bien avoir un rapport à soi et au monde qui précède cette objectivation et la rende possible : c'est précisément cette dimension pré-objective de son objet qui échappe à la psychologie parce qu'elle la fonde[6].

Si l'on s'oriente maintenant vers le domaine de la psychologie des émotions – domaine qui nous intéresse puisque nous voulons traiter de la nausée – nous retrouvons ce présupposé de la psychologie comme science positive. David Sander et Klaus Scherer, dans leur livre sur les émotions, énumèrent ainsi, à l'occasion d'une expérience de pensée sur l'émotion d'effroi, l'ensemble des positions différentes dans le débat contemporain :

> […] qu'est-ce qui constitue exactement l'émotion déclenchée dans l'exemple donné : votre fréquence cardiaque qui s'accélère ? votre respiration qui se modifie ? votre bouche et vos yeux qui s'ouvrent largement ? votre forte envie de fuir le plus vite possible et de protéger la personne aimée ? votre impression d'être en danger ? ou encore la prise de conscience que votre état mental est tel que vous le catégoriseriez comme de la peur ? ou alors, est-ce que l'émotion est plutôt une combinaison de tous ces aspects ?[7].

■ 5. Ainsi par exemple, la douleur doit pouvoir être observée objectivement, de sorte qu'une rage de dents doit pouvoir se réduire aux gestes et aux cris du malade. Voir C. G. Hempel, « L'analyse logique de la psychologie », *Revue de synthèse* X, n°1, avril 1935, p. 27-42.

■ 6. L'objet étant par définition ce qui peut être perçu ou observé, c'est-à-dire présent pour une conscience, la dimension même de l'objectivité ne peut être originaire, puisqu'elle ne peut jamais rendre compte du regard sous lequel tombe son contenu. Car même en admettant que je tombe sous mon propre regard en permanence, il resterait encore et toujours à faire la description de ce qui précisément ne peut pas tomber sous ce regard comme un objet, à savoir ce regard lui-même, regard qui ne peut déboucher sur l'objet qu'en n'en étant pas un.

■ 7. D. Sander, et K. R. Scherer, *Traité de psychologie des émotions*, Paris, Dunod, 2014, p. 11.

En dépit de la diversité de ces positions, on remarquera que l'émotion, en tant qu'objet de l'investigation psychologique, est précisément toujours un fait rencontré : ou bien elle est une manifestation physiologique dont je – ou autrui – suis le témoin, ou bien elle est une impression perçue en moi par introspection, ou bien encore une représentation subsumée sous un concept. Tout se passe comme si l'émotion était un objet apparaissant en moi ou mon corps, objet dont la perception même me fermerait au monde[8].

Dès lors, au contraire, qu'est rétabli le caractère dérivé et réflexivement construit de l'objet psychique, il nous est possible de revenir au sentiment pré-objectif, celui-là même qui ne se donne qu'en vertu de « cette proximité absolue de la conscience par rapport à elle-même, dont le psychologue n'avait pas voulu profiter »[9], et qui fonde sa reprise objective : le sentiment n'est plus alors l'objet d'une conscience, mais il est *une conscience d'objet*, c'est-à-dire une manière pour autre chose que lui de se donner. Le sentiment n'est donc pas ce qui apparaît, mais l'apparaître d'un apparaissant dont il est le mode de manifestation. L'amour, par exemple, ne m'est pas dévoilé à moi-même par le retroussement de mon regard comme une qualité qui tapisse le fond de ma subjectivité, l'amour est une certaine manière de se rapporter à un être et au monde, être amoureux consiste à voir apparaître devant soi un *monde aimable*, un monde où le temps passe plus vite et où les obstacles sont intolérables s'ils me séparent de l'être que j'aime, c'est-à-dire un monde entièrement polarisé par l'être aimé à qui il renvoie comme à sa fin dernière. De la même manière, une douleur est vécue *sur* les choses : comme le montrait bien Sartre, lorsque je dis que j'ai mal aux yeux, je ne fais pas référence à une sensation provenant de mes yeux et se réfléchissant en mon âme ou dans ma conscience, j'invoque bien plutôt une manière originale qu'ont les mots que je lis de repousser mon regard, les phrases de s'allonger et de se dérober à la lecture en formant un sillon aride et sec qui ne se dévoile qu'en se gravant petit à petit dans la page, si bien qu'il ne serait pas absurde d'affirmer que le lecteur qui a mal aux yeux a d'abord mal *aux mots* qu'il lit[10]. Ainsi, il faut dire que sensations et sentiments sont d'abord des modes de donation d'objets qui prennent place au sein d'une corrélation universelle entre la conscience et le monde[11]. À chaque sentiment correspondra alors une manière d'exister et un sens d'être de son objet et du monde sur fond duquel il paraîtra. Reste évidemment à déterminer maintenant comment la nausée fait apparaître le monde et quel sens d'être elle fait surgir au sein du système de corrélation universelle qui relie la conscience et le monde.

8. Nous retrouvons à nouveau la même idée en psychologie cognitive : « La perception d'émotions nous donne un aperçu instantané sur l'organisme en pleine activité biologique […]. S'il n'était pas possible de percevoir les états du corps programmés pour être douloureux ou agréables, il n'y aurait ni souffrance ni félicité, ni désir ni satisfaction ni tragédie, ni bonheur, dans la vie humaine ». Ici, la perception émotive est perception *de* l'émotion, qui n'est rien d'autre qu'un objet pour le regard, produit par certaines zones du cerveau. A. Damasio, *L'erreur de Descartes. La raison des émotions*. Paris, Odile Jacob, 1995, p. 13 (nous soulignons).

9. J.-P. Sartre, *Esquisse d'une théorie des émotions*, Paris, Hermann, 1995, p. 20.

10. J.-P. Sartre, *L'être et le néant*, Paris, Gallimard, 1943, p. 372.

11. E. Husserl, *La crise des sciences européennes et la phénoménologie transcendantale*. Paris, Gallimard, 1976, § 46, p. 180-182.

La nausée comme archi-affection originaire

La phénoménologie nous a mis très tôt en possession d'une description célèbre de la nausée, description qui respecte le cahier des charges de la vie pré-objective, puisque la nausée n'y est pas ce qui est vu, mais, là encore, façon de voir. Il s'agit de la description sartrienne dont nous voulons restituer les éléments principaux, et ceci parce que ses défauts nourriront ensuite notre analyse. La nausée est en effet signifiante, pour Sartre, parce qu'elle signifie le tout de l'homme qui l'éprouve : à travers la nausée nous *comprenons* ce que nous sommes et nous ne pouvons nous saisir dans la nausée que parce que la nausée vise le monde d'une certaine façon, façon qui correspond ou réfléchit l'être que nous sommes. Cependant, si l'amour, la haine ou le désir sont bien des sentiments ou des émotions signifiantes, la nausée a chez lui un privilège insigne : elle nous révèle la couche de sens la plus originaire du monde, et corrélativement la nôtre. Sartre écrit ainsi : « C'est donc ça la nausée : cette aveuglante évidence ? [...] J'existe – le monde existe – et je sais que le monde existe. C'est tout. », puis « après ça, il y a eu d'autres Nausées ; de temps en temps *les objets se mettaient à vous exister dans la main* »[12]. La nausée ici n'est donc rien d'autre que le sentiment qui nous donne l'existence comme telle, l'être en tant qu'être[13], en son sens ou mode de donation, qui est la *contingence*.

La nausée, c'est donc le sentiment qui est accès aux choses en leur choséité, le goût des choses nues : il donne l'être-ainsi de l'être-là lui-même, la manière d'être des choses extérieures qu'il faut chercher plus bas que toute manière d'être. Or précisément, l'être-ainsi de l'être-là des choses, c'est la contingence, c'est-à-dire précisément l'injustifiabilité et la superfluité, ou encore l'absence de toute forme de nécessité. Lorsque, dans la nausée, j'accède à cette première couche de sens qui est l'existence même, j'accède en réalité à une première couche de sens où le sens lui-même fait défaut. En un mot, la nausée me révèle la contingence de l'existence en tant que la contingence est *le sens d'être d'un être dont l'être est dépourvu de sens*. Concrétisons : être contingent, c'est être de trop, inutile et sans nécessité, bref, ne pas avoir de justification en tant justement que la justification suppose la déduction depuis un principe. Est justifié ce qui est là pour…, ce dont la présence est rendue nécessaire en vue d'autre chose et que l'on peut déduire de la fin qu'elle permet d'accomplir en tant que cette fin en est le principe jeté dans l'avenir. C'est la raison pour laquelle nous n'aimons pas, par exemple, rester immobile les bras ballants lorsque tout le monde s'affaire autour de nous : les autres sont justifiés parce qu'ils sont là pour quelque chose et face à eux nous nous sentons comme de trop et superflus. Or, les choses autour de nous, pour peu que nous arrêtions de faire effort pour les saisir comme

---

▨ 12. J.-P. Sartre, *La nausée*, Paris, Gallimard, 1938, p. 175.

▨ 13. Le sens de l'être en tant qu'être, qui est chez Aristote l'objet de la métaphysique entendue comme ontologie et qui deviendra dans la scolastique médiévale la métaphysique générale, n'est pas construit chez Sartre à l'aide de catégories, mais donné par une expérience affective qui est précisément celle de la nausée. L'être en tant qu'être, dont on ne pouvait qu'induire (Aristote) ou déduire (Kant) les catégories, fait ici l'objet d'une donation immédiate intuitive et affective, ce qui figure comme une originalité indéniable de l'ontologie sartrienne. On pourrait parler ici d'une ontophanie affective originaire.

à utiliser-en-vue-de… explosent en leur contingence et se mettent à exister brutalement entre nos doigts. Ce que révèle la nausée, c'est donc que le sens (ce qui permet de justifier une présence en la renvoyant à ce qu'elle permet d'accomplir) n'adhère pas aux choses comme la peau sur les os, mais bien plutôt comme une tunique ou une parure sur un corps déjà subsistant *qu'il est possible de dénuder.* J'ai la nausée donc, lorsque je vise les choses simplement comme existantes et que je me retrouve enlisé et emprisonné dans un monde auquel le sens n'adhère pas : je suis face à l'être comme le nauséeux face à un repas trop gras et tant d'être inutile que je ne peux résorber me donne un haut-le-cœur. Voici donc le secret de la nausée [14] : être rivé sur l'être dont la masse adipeuse ne se laisse ni assimiler ni résorber, c'est-à-dire sur une existence pure que je ne peux jamais réellement justifier, moi qui ne vis, en tant que conscience, que dans mes possibilités et mes projets, c'est-à-dire pour ma justification et celle du monde – il est vrai que ce qui nous dégoûte empiriquement, charognes, excréments etc. nous dégoûte précisément en tant qu'il fait éclater ce fond de contingence indépassable qui croupissait sous le sens que nous projetions : la décomposition d'une charogne, par exemple, comme l'a bien montré Baudelaire, défait l'unité et la totalisation que nous visions pour notre corps et le rend à la pure contingence d'un éparpillement grouillant [15]. La *coulée* du corps et sa décomposition s'opposent diamétralement à son rassemblement et à sa stricte composition dans l'effort et le mouvement. La charogne est donc dégoûtante parce qu'elle indique comme toujours déjà perdue la lutte que nous menons pour justifier l'existence : elle fait réapparaître la chair dans sa contingence et sa débilité sous l'armature motrice dont nous essayions de la revêtir (le corps, comme chair, est ballant et sans raison). Il faudrait dire, avec Rosenkranz, que la nausée nous met face au *répugnant*, qu'il faut distinguer du déplaisant ou du laid : la laideur provoque simplement un sentiment négatif, un choc ou un désagrément à la vue de formes disgracieuses, hors de proportions, alors que le répugnant est le dégoût insoutenable éprouvé devant la dissolution de la forme comme telle [16]. L'expérience du répugnant est ainsi celle de

> la dénaturation d'une chose déjà morte qui donne l'illusion de la vie dans une chose morte […] Le répugnant, quand il est un produit de la nature, sueur, glaire, excrément, ulcère, etc., est une chose morte que l'organisme élimine et livre à la pourriture [17].

Nous retrouvons ici les figures de la charogne et l'excrément, confirmant ainsi que ce qui est donné dans la nausée, en tant qu'objet, est bien le répugnant.

■ 14. Et dont dérivent toutes nos nausées empiriques, J.-P. Sartre, *L'être et le néant, op. cit.* p. 378.
■ 15. « Les mouches bourdonnaient sur ce ventre putride,
    D'où *sortaient* de noirs bataillons
    De larves, qui *coulaient* comme un épais liquide
    Le long de ces vivants haillons. »,
    Baudelaire, *Fleurs du mal*, « Une charogne », Paris, Le livre de poche, 1972, p. 77-79 (nous soulignons).
■ 16. « Tout ce qui blesse le sens esthétique par la dissolution de la forme nous inspire le dégoût », K. Rosenkranz, *L'esthétique du laid*, Paris, Circé, 2004, p. 283. Nous devons la connaissance de cet auteur au très éclairant article de C. Margat, « Phénoménologie du dégoût. Inventaire des définitions », *Ethnologie française* 41, n°1, 2011, p. 17-25.
■ 17. *Ibid.* p. 283.

Mais si nous pouvons accéder à la contingence du monde et à l'existence comme telle des choses, il faut que nous puissions leur retrancher les significations à l'aune desquelles nous les percevons d'abord, il faut donc que nous soyons nous-même à distance des significations dont nous truffons le monde, truffage dont nous sommes la libre origine. Par conséquent, il faut, pour pouvoir reprendre ou suspendre un instant la signification que nous donnons au monde, que nous soyons le fondement sans fondement de la signification des choses, et ainsi, que nous soyons *nous-mêmes* contingents. Autrement dit, ma nausée ne me révèle la contingence du monde que parce qu'elle me révèle d'abord ma propre contingence, c'est-à-dire que je suis *injustifiable*[18]. Et en effet, je ne nais ni avec une mission, ni avec une existence que l'on me remettrait clés en mains, je n'ai pas été créé pour accomplir quelque chose, mais je dois inlassablement faire effort pour donner un sens à ma propre contingence (mon corps, ma situation historico-sociale, ma famille etc.), et lui insuffler une signification, c'est-à-dire la dépasser vers une fin que je m'assigne pour moi-même. Cette nausée donc est bien ma *première* affection en tant que je ne peux pas ne pas me saisir comme contingent, elle est donc ce goût que j'emmène partout avec moi et qui me rappelle continûment ma propre absence de nécessité[19]. C'est pourquoi enfin, la nausée comme affection originaire a l'ambivalence du dégoût, ambivalence que Bourdieu a très bien vue. Le dégoût est ainsi :

> [...] l'expérience ambivalente de l'horrible séduction du dégoûtant et de la jouissance [qui] opère une sorte de réduction universelle à la corporéité, à l'animalité, au ventre et au sexe » [20].

La nausée est en effet ambivalente car elle est tout à la fois répulsion pour ma contingence et tentation perpétuelle[21] de m'y réduire et de me laisser aller à mon corps ou à ma situation, c'est-à-dire à cette contingence que je suis aussi et cela sans rémission possible.

Phénoménologie dynamique de la nausée

Si cette description de la nausée a le mérite de lui restituer une signification pré-objective, il faut néanmoins attribuer à cette description deux défauts corrélés.

La première carence est un défaut de détermination : comme l'affirme très justement Claire Margat, la description sartrienne de la nausée est en réalité une description du dégoût[22]. Mais si le dégoût implique ou peut donner la nausée, la nausée peut-elle en revanche se laisser identifier au

---

■ 18. J.-P. Sartre, *L'être et le néant, op. cit.*, p. 116.
■ 19. « Cette saisie perpétuelle par mon pour-soi d'un goût fade et sans distance qui m'accompagne jusque dans mes efforts pour m'en délivrer et qui est mon goût, c'est ce que nous avons décrit ailleurs sous le nom de Nausée ». *Ibid.*, p. 378.
■ 20. P. Bourdieu, *La distinction. Critique sociale du jugement*. Paris, Minuit, 1979, p. 570.
■ 21. Cette ambivalence n'est pas sans rappeler l'ambivalence du *pathos* tragique qu'Aristote et même Platon avant lui thématisaient comme mélange de pitié et de crainte, d'attraction et de répulsion, c'est-à-dire comme fascination. Voir par exemple l'*Ion* de Platon en 535c, où l'affect tragique est déterminé comme alliage de φόβος et d'ελεεινός.
■ 22. C. Margat, « Phénoménologie du dégoût. Inventaire des définitions », art. cit., p. 17.

dégoût ? D'autant que, contrairement à d'autres attitudes émotionnelles que Sartre décrit explicitement, la nausée n'est *jamais* phénoménologiquement déterminée et sa structure reste à ce point lacunaire qu'on peut sans mal l'identifier au dégoût[23]. La nausée ne serait plus alors qu'une figure binaire et contrastive : me donne la nausée ce qui me dégoûte, et me dégoûte ce qui m'est insupportable tout en m'attirant parce que je le fuis sans pouvoir cesser de l'être.

La seconde carence, qui est au principe de la première, est l'oblitération d'un sens empiriquement évident et parfaitement déterminé de la nausée : il s'agit de la nausée *motrice*, celle qui renvoie à ce que nous nommons « mal de mer » ou « mal des transports ». Cette nausée motrice, à laquelle fait allusion l'étymologie même du mot nausée (ναυς en grec, qui renvoie à navire et qui signifie d'abord, en latin *nausea*, le mal de mer), est irréductible au simple dégoût et nous permettrait, si nous parvenions à en retrouver le sens phénoménologique originaire, de distinguer une fois pour toutes la nausée du dégoût. Or c'est précisément ce sens *dynamique* de la nausée, derrière son sens statique, que nous allons déterminer maintenant, ce qui nous permettra de montrer non pas seulement qu'existe une autre forme de nausée à côté de la première, mais que c'est bien la nausée dynamique qui est au fondement de cette nausée statique que nous venons de décrire.

Condition de possibilité de la nausée : une mobilité sans motricité

Si la nausée doit donc être comprise comme un phénomène dynamique, elle suppose la mobilité : la nausée est un sentiment qui n'est accessible qu'à un être qui est indissociable de son propre mouvement. Or la mobilité elle-même, et c'est un résultat déterminant de la phénoménologie husserlienne, a pour condition transcendantale sa relativité à un sol qui est par-delà la mobilité et l'immobilité, et que Husserl nomme « Terre-sol » ou « Arche-originaire Terre ». Tout mouvement fait donc fond sur une non-mobilité originaire :

C'est sur la Terre, à même la Terre, à partir d'elle et en s'en éloignant, que le mouvement a lieu. La Terre elle-même, dans la forme originaire de représentation, ne se meut ni n'est en repos, c'est d'abord par elle que mouvement et repos prennent sens[24].

Ce qui veut dire Husserl est ici très simple : je ne peux percevoir aucun mouvement sans prendre pied sur un sol fixe. Le mouvement de mon ami qui me salue au loin s'évanouirait comme tel si je percevais en même temps que lui le mouvement de rotation de la Terre autour du soleil – pensons au train que je vois immobile alors qu'il est en mouvement parce que je suis moi-même dans un train qui se meut. Ainsi, le contradictoire du mouvement

■ 23. Il est intéressant de remarquer que Sartre n'est pas le seul à identifier sans autre forme de procès la nausée et le dégoût : « Ces matières mouvantes, fétides et tièdes dont l'aspect est affreux, où la vie fermente, ces matières où grouillent les œufs, les germes et les vers sont à l'origine de ces réactions décisives que nous nommons nausée, écœurement, dégoût ». G. Bataille, *L'Érotisme*, Paris, Minuit, 1982, p. 62.

■ 24. La non-mobilité de cette Terre-sol n'est donc pas immobilité c'est-à-dire *contraire* au mouvement, mais *contradictoire* à toute forme de mouvement, y compris à l'immobilité elle-même. E. Husserl, *La Terre ne se meut pas*, trad. fr. D. Frank, J.-Fr. Lavigne et D. Pradelle, Paris, Minuit, 1989, p. 12.

est la condition transcendantale de possibilité du mouvement. C'est pourquoi Husserl tiendra cette thèse qui n'est scandaleuse qu'en apparence : *la Terre ne se meut pas*. Mais c'est qu'il faut distinguer ici la Terre originaire comme sol transcendantal du mouvement que nous emmenons partout avec nous comme corrélatif de notre chair et de notre perception du mouvement, et la Terre comme astre ou planète, c'est-à-dire comme corps individué se mouvant ou non. Or c'est la Terre originaire qui ne se meut pas. La preuve en est : si je veux m'imaginer ou voir la Terre en mouvement, je ne pourrai le faire que depuis une autre Terre originaire (vaisseau spatial, nouvelle planète etc.). Pour le dire simplement, la Terre comme planète n'est que l'hôte du transcendantal, elle coïncide avec lui, mais il peut par essence l'excéder. C'est donc parce que la Terre originaire coïncide avec notre planète Terre

> **La description sartrienne de la nausée est en réalité une description du dégoût.**

originelle que nous ne pouvons nous empêcher d'affirmer que c'est le soleil qui *se* lève. Mais nous pourrions très bien nous transporter ailleurs et être le témoin, sur notre Terre originaire, du mouvement de notre planète originelle autour du soleil. Ce sol originaire ou ce monde est donc notre *appartenance* fondamentale à laquelle nous sommes ombilicalement reliés, puisque notre être ne saurait se concevoir sans le soutien du sien. Mon appartenance ici me suit comme mon ombre – ou plutôt faudrait-il dire que je ne suis que l'ombre de ma propre appartenance. Mon mouvement et le mouvement des autres corps s'adossent donc directement à ce sol originaire en tant que c'est lui qui nous ouvre l'horizon de parcourabilité du monde, qui nous permet d'être toujours déjà certain qu'à l'horizon de l'horizon que je m'efforce de rejoindre se découvrira à moi un nouvel horizon[25] etc. Simplement il se trouve (de façon contingente) que c'est sur Terre (entendue comme planète) que se donne d'abord le monde comme horizon des horizons.

Husserl, au début de la même œuvre, nous donne un exemple de mouvement sur fond de monde qui nous intéresse tout particulièrement : il s'agit du *transport*, c'est-à-dire du mouvement véhiculé. Voici sa description :

> [...] je peux être dans une voiture en marche qui est alors mon corps-sol, je peux être aussi porté par un wagon de chemin de fer, alors mon corps sol est d'abord le corps qui me porte dans mes mouvements [...] La voiture est expérimentée comme en repos. Mais, si je regarde au-dehors, je dis qu'elle se meut, alors qu'au-dehors je vois que c'est le paysage qui est en mouvement. Je sais que je suis monté dans la voiture, j'ai déjà vu de telles voitures en mouvement, avec des gens dedans, je sais que, tout comme moi quand je suis à l'intérieur, ils voient le monde ambiant en mouvement. Je connais le renversement du mode d'expérience du mouvement et du repos à partir de la voiture jouet où je suis souvent monté et descendu. Mais tout cela est cependant d'abord référé au sol de tous les corps-sols relatifs, à la Terre-sol[26].

■ 25. C'est la raison pour laquelle Patočka peut définir le monde comme « horizon de tous les horizons », *Papiers phénoménologiques*, Grenoble, Millon, 1995, p. 64.
■ 26. E. Husserl, *La Terre ne se meut pas, op. cit.* p. 15.

LA NAUSÉE : ESSAI D'INTERPRÉTATION DYNAMIQUE

■

Pour une lecture en sur-vol tout va bien, puisque le wagon ou l'automobile (corps-sols relatifs) semblent toujours se rapporter, en leur repos ou mouvement, à la Terre-sol. Mais à y regarder de plus près, on s'aperçoit qu'en réalité l'expérience du transport ne s'accomplit normalement qu'à l'issue d'un *processus*, puisque mon « savoir » (« je sais que je suis monté dans la voiture […] ») vient corriger ce que Husserl détermine comme « le renversement du mode d'expérience du mouvement et du repos » et qui renvoie à ce phénomène curieux qui veut que bien que je me sache en mouvement et le paysage en repos, je m'expérimente *aussi* – ou peux m'expérimenter – comme en repos et je saisis le paysage en mouvement. S'opère donc ici originairement une forme de brouillage au sein même du mouvement en tant que le véhicule qui me porte se donne à la fois comme en mouvement, comme mon propre mouvement, et pourtant comme en repos, puisque je peux m'y mouvoir.

Ce qui se joue dans cette inversion n'est rien de moins que l'altération profonde de notre motion en tant qu'elle devient locomotion. Il est frappant de remarquer que Patočka a thématisé lui aussi cette profonde altération : « En voiture déjà, le visuel est moins lié à la motricité que dans la marche à pied ». Il ajoute que le propre du mode de transport, du véhicule, qui s'accomplit de façon exemplaire dans le voyage en avion, se donne à nous ainsi : « Je ne vais pas vers ce que je vois, mais je vois ce vers quoi je vais, et je vois comme *conséquence* de ce déplacement »[27]. Autrement dit, il y va de l'essence du véhicule que de se déplacer pour moi vers là où je vais, il découple donc la motricité (le fait de me mouvoir) de la mobilité (le fait d'être en mouvement). Au fond, le paysage et par là le monde se découvrent sans que j'aie à me mouvoir. Dans le mouvement naturel au contraire je vois le monde changer, les paysages se succéder, en tant que mon mouvement est le fondement de ce changement. Je donne de ma chair – notamment par l'effort – pour me mouvoir et ce mouvement en retour se grave en elle – au moins comme fatigue. C'est pourquoi je suis, en tant que sujet moteur, originairement lié au monde : c'est parce que j'appartiens au monde ou sol originaire que se proposent à moi toujours de nouveaux horizons, mais c'est aussi parce que je me meus en eux que je peux les explorer si bien que j'ai la plus ferme certitude, lorsque je me meus, que je parcours un sol immun à toute forme de mobilité comme à toute forme de repos. Quand je me promène dans la forêt c'est l'effort de chaque pas qui mord sur le paysage et le fait « passer », bien loin que ce soit lui qui se déroule et moi qui piétine. C'est parce que ma mobilité est motrice qu'elle me fait avancer dans un monde ou sur un sol originaire. À l'inverse, Patočka montre bien ici que dans le mouvement véhiculé (le transport), la transformation du paysage n'est plus originairement liée à la motion de mon corps et le monde ne m'apparaît plus comme corrélat de mon effort : je me déplace sans me mouvoir, et le dévoilement du monde n'est plus mon corps, il est une conséquence (au sens logique et extérieur) de mon déplacement.

27. J. Patočka, *Papiers phénoménologiques, op. cit.*, p. 52.

C'est pourquoi, par exemple, seul le rameur ne voit pas la digue ou le phare avancer vers son navire, mais se sent aller vers eux[28].

Le véhicule change donc le mouvement en destin et le rend en un sens extérieur à celui qui s'y meut. En voiture, comme en train ou en avion, je suis en mouvement, je ne suis pas mon mouvement. La preuve en est, mon corps est libre de se mouvoir dans l'habitacle ou le cockpit qu'il habite, je peux donc superposer au mouvement dans lequel je suis un mouvement que je suis. Voilà donc ce que produit la transformation véhiculaire de la mobilité : elle délie ma motricité de ma mobilité.

L'essence de la nausée comme désincarnation

Nous pressentons donc que s'il est nécessaire que la nausée se comprenne dynamiquement, elle ne peut l'être qu'au sein de l'expérience de la mobilité véhiculaire – en effet, on ne parle pas de mal du mouvement, mais de mal du *transport* pour se référer à la nausée – c'est-à-dire au travers de la séparation entre mobilité et motricité. C'est exactement ce que Husserl entre-voit, au passage et sans s'y rapporter comme tel, lorsqu'il affirme : « Mais, si je regarde au-dehors, je *dis* qu'elle [la voiture] se meut, alors qu'au-dehors je *vois* que c'est *le paysage qui est en mouvement* »[29]. Ici, c'est la nausée elle-même qui se trouve déterminée. En effet, cet énoncé tient ensemble à la fois le fait que, étant au sein du véhicule, je me sais indubitablement en mouvement, joint au véhicule dans une même unité dynamique qui fait fond sur le sol originaire de la Terre et du paysage que nous parcourons ensemble, mais aussi le fait que, n'étant plus lié au paysage par ma motricité puisqu'elle s'épanouit librement au sein de l'habitacle et que c'est le véhicule qui me porte, je vois le paysage bouger – je suis en repos *et pourtant* il bouge : il faut donc qu'il vienne à ma rencontre. Il faut prendre cette dernière idée très au sérieux, au sens où il ne s'agit pas d'une métaphore : depuis l'habitacle de l'automobile il m'est possible de saisir le paysage extérieur, c'est-à-dire ce qui était jusque-là pour moi le monde puisque s'y déployaient mes horizons successifs, comme un ensemble d'objets en mouvement (Husserl le confirme : « […] ils voient le monde ambiant en mouvement »). Il nous est donc possible de saisir le paysage extérieur comme une déferlante ou une nuée d'étants surgissant et disparaissant de notre horizon : l'habitacle est donc devenu une nouvelle Terre-sol d'où le paysage nous semble donné comme le ciel depuis la Terre une nuit d'étoiles filantes. Alain nous en donne, à sa façon, une confirmation :

> Il n'est pas de voyageur emporté à grande vitesse qui puisse s'empêcher de voir ce qu'il sait pourtant n'être pas, par exemple les arbres et les poteaux courir et *tout le paysage tourner comme une roue qui aurait son axe vers l'horizon*[30].

■ 28. « On sait que, dans un bateau en marche, on croit voir les digues, les bouées se mouvoir, et cette illusion bien connue se produit surtout sur l'eau parce que le mouvement de la barque ne s'accompagne d'aucun sentiment d'effort, si ce n'est pour le rameur […] qui sent son propre effort pour s'éloigner et se rapprocher du rocher ou du môle ». Alain, *Éléments de philosophie*, Paris, Gallimard, 1941, p. 47.
■ 29. E. Husserl, *La Terre ne se meut pas, op. cit.*, p. 15 (nous soulignons).
■ 30. Alain, *Éléments de philosophie, op. cit.*, p. 34 (nous soulignons).

Mais Husserl poursuit : je dis que la voiture se meut *alors* que c'est le paysage qui est en mouvement. L'être même de la nausée est dans ce « alors » : c'est parce que je suis en mouvement sans être mon mouvement qu'il m'est à la fois possible de m'éprouver en mouvement dans le monde entendu comme sol originaire au sein duquel j'avance et dont les paysages défilent par *ma* motion, et à la fois possible de saisir le paysage et le monde comme corps en mouvement sur fond du sol originaire qu'est l'habitacle de mon véhicule, puisque je peux m'y mouvoir, et que mon mouvement est semblable au mouvement du paysage qui *se* déroule par les vitres. Je suis donc *tout à la fois* mobile sur fond de paysage en tant que je suis en mouvement, et immobile ou en repos sur fond de l'habitacle qui me sert de sol originaire et au regard duquel le monde ou la Terre est en mouvement. La nausée me révèle donc le véhicule comme mon sol originel *et* comme corps en mouvement, de même qu'il me révèle la Terre en tant que sol originaire *et* en tant que planète ou corps. Ainsi, par exemple, s'il « ne faut pas lire sur les petites routes de campagnes », c'est justement parce que lire alors que le véhicule serpente en de serrés lacets nous place au cœur de la contradiction motrice que nous avons relevée, puisque d'un côté nous y vivons et agissons en nous accotant au sol de l'habitacle (nous lisons, tournons les pages, écrivons etc.) mais que de l'autre nous sommes ramenés sur le sol du monde par les mouvements brusques de la voiture qui nous arrachent à la non-mobilité absolue de son intérieur.

Monter dans un véhicule c'est donc toujours quitter la Terre, emmener notre sol originaire ailleurs, tout en ne la désertant pourtant pas. Ainsi la nausée se donne comme le *clignotement* permanent de notre sol originaire : tantôt nous pensions pouvoir faire fond sur la Terre et sur le paysage et nous voilà repoussé par leur mouvement au cœur de l'habitacle du véhicule, tantôt au contraire nous étions prêts à trouver refuge à l'abri de son intérieur et nous voilà expulsés vers le monde en tant que nous ne pouvons pas ne pas sentir que le véhicule se meut. La nausée, c'est le fait de n'être déjà plus tout à fait sur Terre sans l'avoir encore quittée : la Terre originaire m'a suivi hors de la planète Terre et pourtant s'y love encore, comme si elle ne pouvait se résoudre à l'abandonner. Elle se donne donc comme la manifestation d'une indécision ontologique fondamentale, comme un conflit d'appartenances possibles qui supprime l'appartenance comme telle. La nausée n'est donc rien d'autre que *l'épreuve de l'effacement de l'originarité de la Terre par le dédoublement de la Terre originaire.* Autrement dit, *pour l'appartenance originaire, se multiplier, c'est se perdre*[31]. De ce que deux hôtes possibles pour mon sol originaire se proposent, je me trouve renvoyé de l'un à l'autre comme en apesanteur.

Il faut cependant être rigoureux : la nausée n'est en aucun cas arrachement au sol originaire qui rend tout mouvement possible puisqu'il serait impossible de vivre ou de faire la moindre expérience en son absence. La neutralisation de l'ancrage ne vient donc pas d'une séparation ou d'une rupture, ce qui serait

---

31. C'est pourquoi Patočka ajoute, à sa description de la locomotion l'encart suivant : « la terre se dérobe, glisse […] ». Et précisément, la nausée fait apparaître la Terre-sol originaire comme *glissante* : de sa position bien assurée sur la Terre elle glisse sur un autre sol, celui du véhicule. J. Patočka, *Papiers phénoménologiques*, *op. cit.*, p. 52.

impensable, mais simplement d'une ambiguïté, de la simple ouverture d'une alternative possible [32]. Ce que nous soutenons, c'est donc que la nausée est épreuve d'un état ou d'une situation-limite au sens de Jaspers [33], c'est-à-dire d'une situation qui met la subjectivité tout entière sur la sellette en la laissant dans l'indétermination de son ancrage originaire. Suspendu entre deux sols je suis donc *menacé* puisque, ma corporéité motrice vécue, c'est-à-dire ma chair, ne venant à l'être et ne demeurant dans l'être qu'adossée au sol originaire qui la porte, je vis ici ce conflit et cette ambiguïté dans ma chair ; disons mieux, la nausée est ma chair comme contradiction et je ne suis plus que l'incarnation continuée de cette guerre intestine. Ma chair est alors comme dans le vide puisque, ayant deux lieux à la fois, elle n'en a plus aucun – et là seulement pouvons-nous dire, comme Sartre, que nous sommes de trop. À la lettre : mon corps en tant qu'il était l'ouverture même du monde depuis mon lieu ou ma place en son ancrage ontologique n'est plus dans la nausée que la manifestation du monde *en l'absence de tout lieu* – ma chair vécue comme non-lieu. Autrement dit, ce que j'expérimente dans la nausée n'est rien d'autre que ma propre inappropriation, je suis prisonnier de ma chair parce qu'elle n'habite plus le monde. Elle n'est rien d'autre que le sentiment qui me révèle à moi-même en ma chair l'inhospitalité de ma propre chair. La preuve en est, lorsque la nausée me prend je ne suis plus que l'expérience de mon propre *arrêt*. Mes possibilités se dissolvent et mes mouvements se décomposent : je suis bu tout entier par l'effort que me demande le maintien de mon intégrité charnelle en raison de la contradiction qui la grève. La seule chose qui occupe le nauséeux est précisément l'arrêt ou la cessation de la nausée. En d'autres termes le monde se ferme parce qu'il est ouvert deux fois, en deux sols : je fais alors l'expérience continuée de l'impossibilité de la continuabilité de mon expérience. Et les vomissements ne sont plus que le devenir chose d'un corps qui ne peut plus s'assumer comme chair. La nausée c'est, pour résumer, *le non-lieu qui rêve en l'homme*, homme dont l'existence même devient abstraite et les possibilités lointaines, puisqu'il n'est plus nulle part et donc n'est plus *à* rien, n'y est plus. Cette contradiction vécue dans ma chair qui n'est donc rien d'autre que ma chair venant à l'être comme contradiction, comme sa propre déchirure, définit une expérience de *désincarnation* [34] qui caractérise bien la nausée comme état-limite. La nausée n'est donc pas archi-affection, elle est déchéance originaire.

Conclusion : perspectives ontologiques

Il faut donc conclure que la nausée est une forme motrice de désolation – dé-*sol*-ation ou perte de sol originaire. Ma chair alors subitement démondanéisée rentre en elle-même et se révulse, rendant toute avancée dans le monde impossible. Nous sommes alors pleinement de trop et superflus. Néanmoins, il ne s'agit pas là de notre condition originaire et la nausée n'est pas notre

---

32. De la même manière qu'il suffit, pour rompre notre adhésion profonde à autrui au sein d'une relation amoureuse, de simplement concevoir sérieusement la possibilité d'une relation alternative. Le surgissement d'un nouvel objet de désir me désolidarise de fait du précédent.

33. K. Jaspers, *Psychopathologie générale*, Paris, Bibliothèque des introuvables, 2000.

34. Autre manière de le formuler : la nausée est la fermeture vécue du monde au sein de l'occupation de deux places. C'est *l'ubiquité* qui est ma maladie.

archi-affection première, la nausée arrive au contraire au sujet en tant qu'il est d'abord une corporéité motrice. Elle est très exactement l'épreuve insoutenable d'une suspension de notre appartenance en vertu de sa multiplication. Nous ne sommes plus alors que notre propre déchirure puisque notre chair, appartenant à deux sols ou plutôt à deux supports possibles du sol originaire qu'elle emmène par-devers elle, n'appartient plus à aucun d'entre eux. Nous ne pouvons appartenir qu'à un sol ou un seul monde originaire en tant que sur son fond s'ouvre la totalité de l'étant. *La nausée est révélation en toute transparence de l'impossibilité ou plutôt de l'insoutenabilité d'une appartenance multiple.* Mais la nausée comme sentiment originaire nous révèle aussi que l'homme est l'être qui peut se délester de son sol originaire non pas par scission ou arrachement, mais du dedans, en cherchant à s'établir sur plusieurs fronts. Nous comprenons alors comment depuis notre appartenance au monde il est possible de la perdre, au sens non pas où l'on peut dire d'un athée qu'il a « perdu la foi », mais au sens où depuis ce sol qui me donnait le monde j'ai tenté d'en investir un autre, si bien qu'à cause du second le premier a vu ses horizons se refermer et qu'à cause du premier, le second n'a jamais éclos. La nausée n'est rien d'autre que le sentiment qui saisit celui qui perd parce qu'il a pu deux fois gagner.

Ainsi par exemple, de T. E. Lawrence :

> [...] Un effort, prolongé pendant des années, pour vivre dans le costume des Arabes et me plier à leur moule mental m'a dépouillé de ma personnalité anglaise : j'ai pu ainsi considérer l'Occident et ses conventions avec des yeux neufs – en fait cesser d'y croire. Mais comment se faire une peau d'arabe ? Ce fut de ma part affectation pure. Il est aisé de faire perdre sa foi à un homme, mais il est difficile, ensuite, de le convertir à une autre [...] Épuisé par un effort physique et un isolement également prolongés, un homme a connu ce détachement suprême. Pendant que son corps avançait comme une machine, son esprit raisonnable l'abandonnait pour jeter sur lui un regard critique en demandant le but et la raison d'un tel fatras. Parfois même ces personnages engageaient une conversation dans le vide : la folie alors était proche. *Elle est proche, je crois, de tout homme qui peut voir simultanément l'univers à travers les voiles de deux coutumes, de deux éducations, de deux milieux*[35].

Lawrence fait donc l'épreuve d'une forme de nausée à l'échelle de son existence entière, puisqu'il s'est absenté du sol européen par lequel le monde s'ouvrait à lui sans toutefois le quitter définitivement, en rejoignant la culture arabe sans s'y installer complètement, de la même manière que le nauséeux a ouvert le monde se déployant depuis la scène véhiculaire sans l'avoir fermé depuis le paysage auprès duquel il vivait auparavant. Il nous faut donc tirer la conclusion suivante : si notre agir et notre mouvement dans le monde ne sont possibles que sur fond d'une appartenance originaire au monde (nous en sommes et y sommes), nous découvrons pourtant que cet agir au sein du monde a le pouvoir d'extraire comme « du dedans » le sujet du monde qui le rendait pourtant possible. Il s'agit là d'une forme de désaffection ou de

---

■ 35. T. E. Lawrence, *Les sept piliers de la sagesse*, trad. fr. Ch. Mauron, Paris, Payot, 1955, p. 43.

désolation qui nous est apparue clairement au cours de notre phénoménologie du sentiment de nausée. Cette désolation n'est cependant pas notre condition initiale, contrairement à ce que Sartre postule, elle est ce qui advient si nous ne prenons pas soin de notre appartenance au monde et de notre dévouement au monde par lequel *le* monde nous advient. Cette analyse a donc un net avantage en ce qu'elle nous permet de rendre compte d'une étrangeté possible à l'égard du monde mais qui ne constitue pas l'*a priori* ou la condition transcendantale de notre rapport à lui, qui au contraire s'est formée comme une possibilité depuis une proximité originaire et ombilicale qui nous y intègre. Nous ne sommes donc pas condamnés au non-lieu, comme Sartre le pense, mais il nous est toujours possible de le sécréter au sein même de notre appartenance, comme une sorte de *porte-à-faux* en lequel une construction échappe à son aplomb en vertu de la seule position de ses éléments porteurs : portée et ancrée, la construction en porte-à-faux est pourtant suspendue dans le vide et est au bord de l'effondrement.

Charles-André Mangeney
Doctorant en phénoménologie sous la direction de Renaud Barbaras et attaché temporaire d'enseignement et de recherche à l'ENS de Lyon

DOSSIER

Varia

QUAND DIRE, C'EST AIMER
Affectivité et verbe intérieur
dans la pensée de saint Augustin

Anne de Saxcé

Nous proposons ici une analyse de la théorie augustinienne du verbe intérieur. Augustin a développé deux modèles cognitifs, l'illumination et le verbe intérieur mais il n'a pas mis ainsi en place deux théories du verbe, une de la réception et une de la communication. Le verbe intérieur augustinien est l'injonction qu'on se fait à soi-même de vivre selon la vérité. Dans cette théorie, le désir prime sur la vérité et l'engendre. Mais cet engendrement n'est possible que dans le temps, de sorte que l'espérance qu'on a d'atteindre un jour la pleine vérité ne nécessite pas seulement le désir, mais aussi le détour par la signification dont le support premier, étant donnée notre condition temporelle, est l'affectivité, sous la forme de l'espérance.

> La corrélation du dire et du dit, c'est-à-dire la subordination du dire au dit, au système linguistique et à l'ontologie est le prix que demande la manifestation. [...] L'être, sa connaissance et le dit où il se montre signifient dans un dire qui, par rapport à l'être, fait exception ; mais c'est dans le dit que se montrent et cette exception et la naissance de la connaissance.
>
> E. Levinas, *Autrement qu'être ou au-delà de l'essence*,
> La Haye, Éditions Martinus Nijhoff, 1978, p. 17-18

C omment nos paroles se rapportent-elles à la vérité ? D'où nous vient la possibilité de dire le vrai ? Pour saint Augustin, la réponse à cette question n'embrasse pas seulement le champ du savoir, mais également celui de la volonté et du désir. Connaître ce qui est vrai n'est pas seulement en avoir une science certaine, c'est aussi faire l'expérience de la vérité, qui est une expérience amoureuse. De cette conception de la vérité, il écrit : « Notre philosophie chrétienne est la seule vraie philosophie, puisque ce nom signifie l'ardeur ou l'amour de la sagesse (*studium uel amor sapientiae*) »[1]. L'amour est donc l'autre nom et le vrai nom de l'étude – le mot *studium*, avant de donner notre mot étude, signifie zèle, empressement et même amour passionné. Bien sûr, cela peut s'interpréter dans le sens d'un christocentrisme affirmé[2] et selon les règles propres à la théologie. Mais cela peut aussi s'entendre comme l'affirmation du sens « non théorétique, extra-théorétique même »[3] de la vérité. Telle est l'interprétation de Jean-Luc Marion dans son livre *Au lieu de soi* ; le principe de la recherche augustinienne, nous dit-il, est « le désir inconditionné de la *uita beata* »[4] qui s'impose comme désir véritable parce qu'il est désir de la vérité, c'est-à-dire de Dieu. L'articulation du bonheur et de la vérité « devient le nœud et le noyau du désir »[5]. Mais dans ce cas, qu'est-ce qui justifie que le point de départ de la pensée augustinienne, le sol fondamental de sa recherche, soit le désir, et non pas la vérité – comment comprendre que la *uera philosophia* dont se revendique Augustin soit amour de la sagesse et non sagesse de l'amour ? En effet, comme Heidegger l'avait déjà montré dans son cours de 1921, il n'est pas simple de comprendre que deux phénomènes aussi différents que Dieu et la vie heureuse puissent se manifester de la même manière. Pour Heidegger d'ailleurs, la recherche d'Augustin « se rabat sur une théorie de l'accès à …, qui n'a pas d'authentique rigueur existentielle »[6]. Augustin reste pris dans la métaphysique grecque et la préséance du théorique : quelle que soit son intention, il continue de définir la vie heureuse comme une connaissance.

Mais pour J.-L. Marion, cette idée repose sur le présupposé « que saint Augustin ait maintenu une définition elle-même théorétique de la vérité, comme vérité à d'abord connaître ». Or, ce n'est pas le cas ; le désir ne se fonde pas sur la connaissance, et la primauté du désir vient du désir lui-même et se fonde « sur l'assurance sans objet encore possédé du désir comme tel »[7]. La vérité est avant tout ce que l'on désire. Ce qui se justifie par un argument principal et fondamental que développe J.-L. Marion, à savoir que pour Augustin le désir précède la connaissance de l'objet désiré, qu'il « engendre »[8]. Reste à comprendre ce que signifie un tel engendrement. Car une question s'impose : si la vérité se découvre et se définit d'abord, de façon non théorétique ou extra-théorétique, par le désir qu'on en a, quelle certitude non théorétique ou extra-théorétique pouvons-nous avoir de cette affirmation ? Comment le désir engendre-t-il, dans les modalités concrètes de l'existence humaine, la connaissance de son propre objet – de telle sorte qu'on puisse en effet affirmer que, pour saint Augustin, la vérité se découvre d'abord parce qu'on la désire et qu'on ne saurait la connaître, à moins de l'aimer[9] ?

1. *Contra Iulianum*, IV, 14, 72, *PL*, 774.
2. C'est ce que fait par exemple G. Madec, « *Christus, scientia et sapientia nostra*. Le principe de cohérence de la doctrine augustinienne », dans *Recherches augustiniennes* 10 (1976), p. 77-85.
3. J.-L. Marion, *Au lieu de soi. L'approche de saint Augustin*, Paris, P.U.F., 2008, p. 152.
4. *Ibid.*, p. 149.
5. *Ibid.*, p. 150.
6. M. Heidegger, *Phänomenologie des religiösen Lebens*, GA 60, Frankfurt, V. Klostermann, 1995, p. 192-19.
7. J.-L. Marion, *Au lieu de soi. L'approche de saint Augustin, op. cit.*, p. 153.
8. *Ibid.*
9. Comme l'écrit Pascal, *Pensées*, P. Sellier (éd.), Paris, Classiques Garnier, 2010, 617.

L'idée défendue ci-après est la suivante : si l'accès à la vérité, qui est aussi l'accès à la vie heureuse, se fait par la primauté d'un désir sans objet possédé, c'est que la subjectivité est pensée par Augustin à partir de la signification, elle-même renvoyant à la fragilité fondamentale du moi, à ce qui ne se communique pas au moyen du concept mais se manifeste dans l'affectivité. Pour parler en termes lévinassiens, Augustin pense la rupture de l'essence ; mais cette rupture n'est pas d'abord éthique : elle repose sur une théorie de la signification, du « dit » humain, dont l'idée centrale s'appelle « verbe intérieur ». On rappellera en effet d'abord ce que tout lecteur d'Augustin peut avoir remarqué, à savoir qu'il décrit dans son œuvre l'activité intellectuelle humaine tantôt sur le modèle de l'illumination – qui semble être un modèle de pure passivité – tantôt sur le modèle d'un verbe intérieur – qui permettrait alors de penser l'activité de l'esprit humain. On montrera alors que ces deux modèles ne s'opposent pas, mais se complètent plutôt, le second devant être envisagé comme une amélioration du premier, qui permet à Augustin de penser plus précisément la passivité de l'esprit face à la vérité. On verra enfin ce qu'est au juste cette passivité et pour quelles raisons elle est ce qui permet à Augustin de penser concrètement la véritable liberté de l'intelligence face à la vérité qu'elle désire pourtant connaître.

Les deux modèles cognitifs

Il y a dans l'œuvre d'Augustin deux modèles concurrents pour décrire l'activité cognitive humaine : un modèle visuel et un modèle verbal.

Le modèle visuel définit la pensée comme une vision qui se fait par le regard intérieur de l'esprit, et il mène à l'idée de l'illumination de l'esprit par la vérité. Le terme, métaphorique [10], d'« illumination », permet donc de penser la relation de l'esprit humain à la vérité en affirmant que la vérité, qui précède l'esprit, donne à celui-ci la possibilité de connaître et de produire un discours sur la vérité en se faisant voir à lui dans toute sa clarté [11]. Ce thème de la vérité lumière est bien évidemment une reprise par Augustin d'un thème platonicien et plotinien, mais il s'appuie aussi sur un certain nombre de références scripturaires [12].

■ 10. Étienne Gilson souligne le fait que le terme joue un rôle considérable dans la pensée philosophique d'Augustin à Duns Scot et affirme à propos de cette métaphore qu'« il n'y a aucune raison de ne pas la conserver, pourvu qu'on ne la prenne pas pour une explication, mais pour ce qu'elle est : le signe de la chose à expliquer » ; voir É. Gilson, « Sur quelques difficultés de l'illumination augustinienne », *Revue néo-scolastique de philosophie* 41, 1934, p. 321-331.

■ 11. Pour Augustin, cette vérité qui est lumière est Dieu ; il écrit par exemple dans le *De Genesi ad litteram* [désormais *De Gen. ad litt.*] 12, 31, 59 : « cette lumière est Dieu lui-même […]. C'est de cette lumière que l'âme comprend tout ce qui est en mesure d'être compris ». Il s'agit donc, à proprement parler, d'une illumination divine. On peut aussi se reporter au texte du *De diuersis quaestionibus*, la question 46, où l'âme rationnelle est décrite comme illuminée par Dieu d'une lumière intelligible. Voir G. Madec, *Le Maître*, BA, 1976, « note complémentaire 6 », « La lumière intérieure de la vérité », p. 543-545 ; R. H. Nash, *The Light of Mind : Saint Augustine Theory of Knowledge*, Lexington, ARP, 1969 ; G. B. Matthews, « Knowledge and Illumination », *in* E. Stump et N. Kretzmann, (eds.), *The Cambridge Companion to Augustine*, Cambridge, Cambridge University Press, 2006, p. 171-185 ; B. Bubacz, *St. Augustine's Theory of Knowledge : A Contemporary Analysis*, New York, Edwin Meller, 1981 ; G. O'Daly, *Augustine's Philosophy of Mind*, Berkeley-Los Angeles, University of California Press, 1987, p. 204-207.

■ 12. Voir *De ciuitate Dei* X, 2. La théorie de l'illumination a été d'une grande importance durant tout le Moyen-âge, en particulier chez des auteurs comme Anselme, Thomas d'Aquin, Henry de Gand, Bonaventure, Duns Scot. Au XIII e siècle, la doctrine augustinienne de l'illumination est le modèle alternatif à l'idée aristotélicienne

Le modèle verbal définit la pensée comme un discours intérieur [13] : comme verbe, la pensée est première par rapport à notre parole [14], mais cependant elle-même n'a pas de réalité hors du langage – simplement il ne s'agit pas d'un langage proféré, mais intérieur, nommé tantôt *uerbum in corde*, ou bien *uerbum cordis* ou encore *uerbum mentis*. Ce verbe intérieur ne jaillit cependant pas de nulle part : il naît d'une écoute, l'écoute d'un « maître intérieur ».

> **Cette idée du maître intérieur est capitale chez Augustin.**

Cette idée du maître intérieur est capitale chez Augustin, et vaut à propos de l'illumination comme du verbe intérieur ; elle lui permet d'affirmer, une fois encore par métaphore, l'existence d'une vérité qui transcende l'esprit humain quoiqu'elle se fasse connaître toujours à l'intérieur de l'esprit. Ce maître intérieur est pour Augustin le Christ, identifié, d'après le prologue de l'Évangile de Jean, comme le *logos* de Dieu : la vérité, transcendante et donc divine, est égale à la sagesse de Dieu, qui se nomme aussi Christ [15]. Ainsi, lorsque nous pensons, nous le faisons toujours dans les mots [16] ; mais si nous pouvons penser, c'est parce que nous pouvons écouter en nous-mêmes la voix de la vérité qui résonne dans notre « cœur », bien qu'elle transcende toujours notre cœur [17]. C'est ce qu'expose par exemple un passage connu du *De Magistro* :

> Pour tout ce que nous saisissons par l'intelligence, ce n'est pas une voix qui résonne au-dehors en parlant, mais une vérité qui dirige l'esprit de l'intérieur

de l'abstraction. Voir par exemple A. Speer, « Illumination and Certitude : The Foundation of Knowledge », *Catholic Philosophical Quarterly* 85, 1, 2011 ; J. Brown, « John Duns Scotus on Henry of Ghent's Arguments for Divine Illumination : The Statement of the Case », *Vivarium* 14, 2, 1976, p. 94-113 ; R. Pasnau, « Henry of Ghent and the Twilight of Divine Illumination », *Review of Metaphysics* 49, 1995, p. 49-75 ; S. Marrone, *The Light of Thy Countenance. Science and Knowledge of God in the Thirteenth Century*, Leiden-Boston-Köln, Brill (coll. « Studies in the History of Christian Traditions »), 2001.

■ 13. L'idée, bien entendu, n'est pas nouvelle et a un passé philosophique. Voir G. Watson, « St. Augustine and the Inner Word : The Philosophical Background », *Irish Theological Quarterly* 54, 1998, p. 81-92.

■ 14. *Sermon* 288, 4, *PL* 38, 1306 : « En moi le verbe est premier, la voix vient après. »

■ 15. Il y a un beau développement de ce thème dans le commentaire d'Augustin de la première épître de saint Jean : « Ne croyez pas qu'un homme puisse apprendre quelque chose d'un autre homme. Nous pouvons vous avertir en faisant du vacarme avec notre voix ; s'il n'y a pas à l'intérieur quelqu'un pour vous instruire, c'est en vain que nous faisons du bruit. [...] Il est donc à l'intérieur, le maître qui enseigne ; c'est le Christ qui enseigne ; c'est son inspiration qui enseigne. », *In epistolam Ionnis ad Parthos*. 3, 13, *BA* 76, p. 177-179. Voir G. Madec, *Le Maître, BA* 1976, « note complémentaire 7 » : « Condiscipuli sumus », p. 545-548. L'idée n'est pas propre à Augustin mais commune à l'époque patristique : la connaissance est participation au *logos* ou verbe, qui est le Christ. Voir G. Madec, *La Patrie et la voie. Le Christ dans la vie et la pensée de saint Augustin*, Paris, Desclée, 1989. Voir aussi E. Bermon, *La Signification et l'enseignement*, Paris, Vrin, 2007, p. 529 *sq.* ; F. J. Crosson, « Show and Tell : the Concept of Teaching in St. Augustine "De Magistro" », in L. F. Pizzolato, G. Scanavino (eds.), *Lectio Augustini. Settimana agostiniana pavese*, Palerme, Augustinus, 1993, p. 13-65. Cela implique une certaine conception de l'enseignement, illustré notamment par la thèse paradoxale du *De Magistro* que « rien ne s'apprend par les mots » ; voir S. Harrison, « Augustine and What We Owe to Our Teachers », in A. Oksenberg Rorty (ed.), *Philosophers on Education*, London-New-York, Routledge, 1998, p. 66-80 ; P. King, « Augustine On the Impossibility of Teaching », *Metaphilosophy* 29, 1998, p. 179-195.

■ 16. Voir É. Benvéniste, *Problèmes de linguistique générale*, Paris, Gallimard, 1966, vol. 1, p. 64 : « La forme linguistique est non seulement la condition de transmissibilité, mais d'abord la condition de réalisation de la pensée. Nous ne saisissons la pensée que déjà appropriée aux cadres de la langue. Hors de cela, il n'y a que volition obscure, impulsion se déchargeant en gestes, mimique. »

■ 17. Voir par exemple, parmi de nombreux textes, cette remarque qu'on trouve dans le *Sermon* 179, 7 *PL* 38, 970 : « À l'intérieur, là où personne ne peut voir, nous sommes tous des auditeurs ; à l'intérieur, c'est-à-dire dans le cœur, dans l'esprit où enseigne celui qui nous incite à louer Dieu ». »

que nous consultons, avertis peut-être par les mots pour le faire. [...] [Ce verbe est] la vertu immuable de Dieu et sa sagesse éternelle que toute âme raisonnable consulte [18].

Or, si le modèle de la vision est premier dans l'œuvre d'Augustin, tandis que celui du verbe a tendance à le supplanter par la suite (quoique pas complètement), nous remarquons qu'Augustin a tendance à les confondre et à décrire le verbe intérieur un peu comme une vision [19]. Autrement dit, bien que nos pensées soient décrites ou bien comme des *uisiones*, ou bien comme des *locutiones* [20], finalement les *locutiones* sont assez semblables à des *uisiones*. Augustin ne semble pas trouver contradictoire que des pensées puissent être à la fois des paroles et des visions :

Certaines pensées sont donc des paroles du cœur [...]. Et cependant ce n'est pas parce que nous disons que les pensées sont des paroles du cœur, qu'elles ne sont pas aussi des visions formées à partir des visions de la connaissance, lorsqu'elles sont vraies [21].

Le *uerbum cordis* est extrêmement similaire aux images et au modèle visuel :

Donc toutes ces choses que l'esprit humain connaît à la fois par lui-même, par les sens de son corps et par les témoignages des autres, il les tient enfouies dans le trésor de sa mémoire. C'est de là qu'est engendré le verbe vrai, quand nous disons ce que nous savons, mais un verbe antérieur à tout son, antérieur à toute pensée de son. Alors en effet le verbe est semblable à la chose connue de laquelle il a été engendré, et il est son image [22].

Ce verbe intérieur précède non seulement tout son, mais même toute pensée de son (*cogitatio soni*). Certains voient ici une simple reprise d'une distinction traditionnelle du stoïcisme entre *logos proforikos* et *logos endiathetos*. En réalité, Augustin prend ses distances avec cette théorie [23]. En effet, pour les stoïciens, le *logos endiathetos* désigne l'idée ou le concept que l'on se forme intérieurement au moyen de l'intelligence, tandis que le *logos proforikos* en est l'expression extérieure. Mais le *uerbum cordis* n'est pas le *logos endiathetos* : il s'en distingue de façon fondamentale, ce que montre ce texte du *De Trinitate* en excluant même les pensées de son.

Autrement dit, le *uerbum cordis* n'est pas l'expression intérieure d'une idée que la parole peut aussi proférer à l'extérieur au moyen de la voix. Et si peut-être certains voulaient encore imaginer une syntaxe de la pensée, syntaxe

18. *De magistro* 11, 38, *CC* 29, 195-196.
19. Voir par exemple *Tractactus in euangelium Ioannis* [désormais *Io. eu. tr*], 18, 9 et 10. Augustin, en invoquant une voix qu'on peut voir, retrouve d'ailleurs une idée qu'on lit déjà chez Philon : pour les âmes pures, la voix de Dieu est visible, *De migratione Abrahami* 47-52. Voir J.-L. Chrétien, *L'appel et la réponse*, Paris, Minuit, 1992, p. 52-53.
20. Augustin parle aussi de *uerba*.
21. *De Trinitate* [désormais *De Trin.*] XV, 10, 18, *CC* 50A, 484-485. Voir aussi dans le même paragraphe : « Foris enim cum per corpus haec fiunt aliud est locutio, aliud uisio ; intus autem cum cogitamus utrumque unum est. »
22. *De Trin.* XV, 12, 22, *CC* 50A, 493. Voir aussi XV, 14, 24, *CC* 50A, 497.
23. Voir C. Panaccio, *Le discours intérieur. De Platon à Guillaume d'Ockham*, Paris, Seuil, 1999, chap. II : « Logos endiathetos » ; voir aussi G. Bavaud, « Un thème augustinien : le mystère de l'Incarnation, à la lumière de la distinction entre le verbe intérieur et le verbe proféré », *Revue des études augustiniennes* 9, 1963, p. 95-101.

logique et non pas grammaticale, qui précéderait toute pensée de son et donnerait à ce *uerbum cordis* une structure propre à l'idée de verbe, Augustin s'empresse de décourager ce genre de recherche. Le verbe intérieur est un verbe « engendré » par les choses qu'il cherche à connaître, c'est-à-dire aussi les choses qu'il cherche à signifier. Que peut signifier le mot « engendrer » dans ce contexte ? C'est ce qu'il faudra élucider. Et non seulement ce verbe est engendré, mais il est même l'image (*imago*) de la chose.

Isabelle Koch a bien relevé cette particularité du *uerbum intus*, lorsqu'elle le décrit comme un verbe « qui, pour être vrai, doit en somme ne comporter rien qui vienne de son propre être verbal, et tout de la réalité signifiée par lui »[24]. En effet, toutes les caractéristiques qu'Augustin accorde au verbe intérieur semblent appartenir au modèle de l'image et de la vision. Il est une parole « qui brille à l'intérieur »[25], il est un verbe qui « précède tous les signes par quoi il est signifié »[26], d'une parfaite transparence à la chose qu'il signifie : « Donc, quand ce qui est dans la connaissance est dans le verbe, alors c'est le verbe vrai »[27].

Quel but poursuit donc Augustin en décrivant un tel verbe ? C'est d'en faire l'image d'un autre verbe. Car sa description non verbale du verbe lui permet de rapprocher de façon très efficace le verbe humain et le Verbe divin et d'affirmer que le verbe intérieur est, en l'homme, la ressemblance au verbe divin :

> Que celui qui désire découvrir une image quelconque du Verbe divin, quoique avec une multitude de différences, ne s'attache pas à considérer le verbe humain résonnant aux oreilles, ni quand il est exprimé par la voix, ni quand il reste dans le silence de la pensée. [...] Mais il faut s'élever au-dessus de tout cela pour parvenir à ce verbe humain où l'on verra, par une ressemblance quelconque et comme en énigme, le Verbe divin[28].

Telle est donc la raison pour laquelle ce verbe intérieur n'a aucune des caractéristiques attribuées ordinairement au langage articulé, aucune syntaxe propre : il se définit par son analogie au verbe divin. Mais n'y a-t-il pas là quelque chose d'absolument paradoxal ? Comme verbe en effet, dans la mesure où Augustin a toujours maintenu une conception conventionnaliste du langage, il devrait se résoudre en un système de signes langagiers, non mimétiques et ayant une structure formelle propre grâce à quoi l'objet de la pensée pourrait être pensé. Mais comme *uerbum cordis*, Augustin le définit à partir de l'idée de la ressemblance : il est rendu conforme à ce qu'il pense par cela même qu'il pense et doit exprimer[29]. Comment Augustin peut-il maintenir ainsi deux conceptions opposées du langage et de la pensée ?

■ 24. I. Koch, « Le *uerbum in corde* chez Augustin », dans J. Biard (dir.), *Le langage mental du Moyen Âge à l'âge classique*, Leuven-Paris-Walpole, Peeters, 2009, p. 1-28, ici p. 12.
■ 25. *De Trin.* XV, 11, 20, *CC* 50A, 486.
■ 26. *De Trin.* XV, 11, 20, *CC* 50A, 488.
■ 27. *Ibid.*
■ 28. *De Trin.* XV, 11, 20, *CC* 50A, 487.
■ 29. Voir M. Sirridge, « "Quam videndo intus dicimus". Seeing and Saying in *De Trinitate* XV », in *Medieval Analyses in Language and Cognition*, Acts of the Symposium « The Copenhagen School of Medieval Philosophy » (January 10-13, 1996), S. Ebbesen, R. L. Friedman (eds.), Copenhagen, The Royal Danish Academy of Sciences et Letters, 1999, p. 317-330, p. 317 : « In the *De Trinitate* XV Augustine is self-consciously arguing that thinking

Y a-t-il deux théories du verbe chez Augustin ?

Dans son ouvrage *Signs and Meanings*, Robert Austin Markus distingue deux théories du verbe chez Augustin : celle du *uerbum uocis*, « approaching it from the hearer's side », qu'on trouverait principalement exposée dans le *De Magistro* et les livres II à IV du *De Doctrina christiana* ; celle du *uerbum mentis*, « approaching it from the speaker's and the thinker's side »[30]. Markus reproche à Augustin de n'avoir pas su réconcilier ces deux aspects, et d'avoir séparé le fait de parler et celui d'entendre, alors que cela n'a pas de sens d'envisager la communication coupée de la réception :

> Understanding language [...] is no more a matter of interpreting to oneself noises heard or shapes seen than speaking is a matter of translating into a « language » for the benefit of others what, for oneself, has a prior non-linguistic existence[31].

On trouverait donc chez Augustin un échec dans la pensée du langage à cause de cette rupture. Il y aurait d'une part une théorie du signe, qui serait une théorie de la réception, et qui chercherait à comprendre comment interpréter convenablement les *signa data*, en recourant finalement à la théorie de l'*illuminatio*. Et d'autre part une théorie du verbe intérieur, qui tâcherait de rendre compte de la manière dont on exprime ce que l'on sait en essayant tant bien que mal d'articuler l'idée d'un verbe qui résonne à l'extérieur (*uerbum quod foris sonat*) et celle d'un verbe qui brille à l'intérieur (*uerbum quod intus lucet*), distinction qui naîtrait « from the looseness of the relation between saying and meaning »[32].

Mais pourquoi négliger l'idée de la ressemblance mise en avant par Augustin ? « Augustine's theory of the "word" recognises the "creative" aspect of symbol-making, even though it fixes a gulf between it and its concrete embodiment »[33]. Pourtant cette séparation entre le verbe intérieur et son expression concrète est au centre de la réflexion d'Augustin sur le verbe intérieur. C'est un point sur lequel il ne cesse d'insister : « Toutes les choses que l'on dit et qui passent sont des sons, des lettres, des syllabes. Ce qui résonne dans ce verbe passe ; mais ce que signifie le son, et qui est dans la pensée de celui qui parle et dans l'intelligence de celui qui entend, cela demeure sous les sons qui passent »[34].

Il faut donc plutôt s'interroger sur les raisons philosophiques de cette séparation. Et pour cela, commencer par se demander si on peut vraiment considérer qu'Augustin a développé deux théories du verbe. Rappelons que

is both essentially linguistic and essentially visual » ; rappelons aussi la remarque suivante d'Isabelle Koch : « Cette mention d'un verbe qui, pour être vrai, doit en somme ne comporter rien qui vienne de son propre être verbal, et tout de la réalité signifiée par lui, explique le souci qu'a sans cesse Augustin de distinguer verbe du cœur et verbe du corps », dans I. Koch, « Le *uerbum in corde* chez Augustin », *op. cit.*, p. 4. C'est en effet un constant souci d'Augustin de rappeler cette distinction.

■ 30. R. A. Markus, *Signs and Meanings*, Liverpool, Liverpool University Press, 1996, p. 97.
■ 31. *Ibid.*, p. 98.
■ 32. *Ibid.*, p. 95.
■ 33. *Ibid.*, p. 96.
■ 34. *Io. eu. tr.* I, 8, *CC* 36, 5.

le verbe intérieur implique lui aussi une théorie de la réception : du moins Augustin a-t-il pris en compte dans sa réflexion plusieurs modalités de la communication dans lesquelles il engage le verbe intérieur.

Une de ces modalités est envisagée dans un commentaire de la Genèse, à propos du fait que Dieu parlait à Adam dans le jardin d'Éden : quelle pouvait-être cette parole [35] ? Pour répondre à cette question, dit Augustin, il faut admettre que Dieu parle soit directement, soit par l'intermédiaire d'une créature et que par ailleurs « il ne parle directement que pour créer toutes choses, mais quant aux créatures spirituelles et intellectuelles il leur parle non seulement pour les créer, mais aussi pour les illuminer, lorsqu'elles sont capables d'entendre sa parole » [36]. On peut alors comprendre comment Dieu a parlé à Adam :

> Si donc Adam était tel qu'il pouvait entendre la parole de Dieu, il n'est pas douteux que Dieu ait fait se mouvoir de façon temporelle son esprit d'une manière mystérieuse et ineffable, sans subir lui-même de mouvement temporel, et lui ait gravé le commandement de la vérité de façon efficace et pour son salut [37].

Augustin est attentif aux conditions de réception de la parole. Il envisage d'ailleurs plusieurs cas : Adam peut avoir reçu ces commandements soit directement dans l'esprit « d'une manière admirable et ineffable » (*miro et ineffabile modo*), soit par l'intermédiaire d'un songe, d'une extase ou encore grâce à une autre créature corporelle qui se serait faite, par son apparence ou par une parole, signe de ce que Dieu voulait faire connaître [38]. En quoi cela aide-t-il à comprendre l'idée du verbe intérieur ? C'est que cette parole reçue de Dieu par Adam, dont Augustin étudie si attentivement les conditions et les possibilités de réception, est un commandement qui s'appelle « un précepte de la vérité » (*praeceptum ueritatis*). Il a reçu en connaissance « le précepte de la vérité et la punition qui devrait être infligée à son transgresseur. » Et, ajoute notre auteur, « c'est ainsi qu'il faut entendre ou voir tous les principes du bien dans la Sagesse immuable » [39].

Pourquoi ne pas étendre le texte à la réception, pour chaque homme, de tous les principes dont le bien, ou la sagesse, est la source – autrement dit, de tout énoncé vrai ? Et dès lors, la réception de ces énoncés vrais ne se limite pas à une pure passivité que semble porter l'idée de l'*illuminatio*. Ou plutôt, s'il y a passivité, ne doit-elle pas être entendue comme celle que propose le modèle de l'*illuminatio* – passivité qui résulte de la manifestation présente et immédiate d'une vérité à laquelle l'esprit ne pourrait échapper. Car selon le modèle verbal, lorsqu'Augustin se demande comment il est possible de recevoir la parole de Dieu, il se demande par la même occasion comment il est possible de l'exprimer, non seulement pour la communiquer aux autres hommes, mais aussi et avant tout pour la communiquer à soi-même, dans toutes

---

35. *De Gen. ad litt.* VIII, 27, 49, *CSEL* 28, 1, 266 : « Nous cherchons à savoir comment Dieu a prononcé ces paroles. »
36. *Ibid.*
37. *De Gen. ad litt.* VIII, 27, 50, *CSEL* 28, 1, 266.
38. *De Gen. ad litt.* VIII, 27, 49, *CSEL* 28, 1, 266.
39. *De Gen. ad litt.* VIII, 27, 50, *CSEL* 28, 1, 266.

les dimensions de sa propre vie. Ainsi, il ne suffit pas de pouvoir entendre le commandement divin. Parce qu'il est, précisément, un commandement et même le *praeceptum ueritatis* de quoi dépend le salut, l'entendre cela doit être en même temps pouvoir le redire, l'exprimer ; le comprendre, c'est le vivre ou du moins chercher à le vivre. Entendre le *uerbum cordis*, c'est se faire à soi-même l'injonction de l'entendre, c'est-à-dire d'appliquer ce qui est d'abord « *praeceptum ueritatis* ». Recevoir, c'est communiquer à soi-même ; le *uerbum cordis* est l'injonction qu'on se fait d'abord à soi-même à partir de la réception du précepte divin. L'esprit humain ne s'abolit pas dans la lumière de la vérité.

Cette manière de réfléchir déporte considérablement le problème, qui ne concerne plus d'abord la théorie du langage. L'articulation entre une théorie du signe et une théorie du verbe est au service d'une seule question : comment se rapporter à la parole du commandement divin, lorsqu'il s'agit d'en vivre ? C'est cette question, pour un homme qui n'est plus dans la situation d'Adam au paradis, que l'idée du verbe intérieur, mais aussi en fait celle de l'*illuminatio* cherchent à résoudre. Il ne s'agit pas de compléter ce qui avait été établi dans le *De doctrina christiana* sur les *signa data*, mais d'affronter la question décisive de la recherche augustinienne : comment rapportons-nous notre existence à la vérité ? Par le langage, nous dit Augustin, car l'être humain est fondamentalement un être de parole.

Comment le verbe intérieur est conçu dans l'esprit

Le modèle du verbe intérieur permet de penser comment on reçoit la vérité et comment on l'énonce *intus*, à l'intérieur de soi-même pour en vivre concrètement. Car agir, c'est toujours d'abord exprimer en son cœur : « Personne en effet ne fait quelque chose volontairement qu'il ne l'ait d'abord dit en son cœur »[40]. Cette parole du cœur, qui précède nécessairement chacune de nos actions, est conçue d'après ce qui a été vu dans la vérité éternelle : « C'est donc dans la vérité éternelle […] que nous voyons, par un regard de l'esprit, la forme d'après laquelle nous sommes et d'après laquelle nous agissons sur nous ou sur les autres réalités selon la vraie et droite raison. Et cette vraie connaissance que nous avons des choses, nous l'avons en nous comme un verbe ; nous l'engendrons à l'intérieur de nous en parlant, et en naissant elle ne s'éloigne pas de nous »[41].

Quel est donc cet engendrement ? Dans cette phrase, ce qui est vu « *uisu mentis* » dans la vérité éternelle, qui est Dieu lui-même (Augustin précise que par elle « toutes les réalités temporelles ont été faites ») n'est pas différent de la « *ueram notitiam rerum* » qui prend corps dans le verbe intérieur (« *uerbum apud nos* »). Ce verbe est lui-même à l'origine de toute parole énoncée par la voix afin d'atteindre l'intelligence de l'autre, pour lui faire éprouver en son esprit quelque chose de semblable à ce qu'éprouve celui qui parle[42]. Ce texte lie donc absolument la contemplation de la vérité et son expression au

■ 40. *De Trin.* IX, 7, 12, *CC* 50, 304.
■ 41. *De Trin.* IX, 7, 12, *CC* 50, 303-304.
■ 42. *De Trin.* IX, 7, 12, *CC* 50, 304.

moyen du verbe intérieur. Mais il faut encore comprendre cet engendrement en nous d'un verbe à partir d'une vision intérieure.

On a beaucoup dit que le modèle verbal de la pensée naissait en contexte théologique, et s'y ramenait presque entièrement. Certains ont même estimé que le modèle d'explication de l'activité cognitive à l'aide du verbe intérieur était surtout pour Augustin un moyen de résoudre des difficultés que lui posait la théologie trinitaire (celle de l'engendrement du Fils par le Père) et la christologie, celle de l'Incarnation. Le thème du *uerbum cordis* ne serait alors qu'un thème superposé à celui de la théorie des signes et au modèle de l'image, dans le but de résoudre ces difficultés que la révélation chrétienne oppose à l'intelligence[43]. Mais un texte comme celui qu'on vient de voir invite à penser que le paradigme de verbe et celui de la vision s'articulent plutôt qu'ils ne se superposent. Sans doute le *uerbum cordis* a-t-il beaucoup des caractéristiques du modèle de la vision. Cela toutefois doit inciter à davantage rechercher ce qu'Augustin a voulu faire en décrivant le verbe intérieur de cette manière paradoxale. Quelle fonction a-t-il voulu lui donner ?

La réponse se trouve dans une page du livre IX du *De Trinitate* ; dans cette page déterminante, Augustin écrit que l'amour de la vérité précède l'intelligence que l'on en a : « *uerbum amore concipitur* – le verbe est conçu par l'amour »[44], ce qui subordonne la réflexion sur l'activité de la pensée à la réflexion sur l'*ordo amoris* :

> Ce verbe est conçu par l'amour, soit l'amour de la créature, c'est-à-dire des natures muables, soit l'amour du Créateur, c'est-à-dire de la vérité immuable. Soit donc par la cupidité, soit par la charité [...]. Le verbe naît lorsque ce qui est pensé plaît, que ce soit en vue du péché ou dans l'intention d'agir droitement. L'amour est donc comme un intermédiaire qui unit notre verbe et l'esprit qui l'engendre[45].

C'est de notre désir que jaillit l'intelligence ; tel est l'engendrement qui intéresse Augustin : nous comprenons lorsque nous désirons. Ce désir que nous avons s'ordonne selon le couple notionnel *uti/frui* qui structure l'*ordo amoris*. C'est donc l'amour pour la vérité immuable ou pour les choses du monde telles que nous les voyons, c'est cet amour qui fait naître dans le cœur le verbe qui redit, d'abord pour soi-même puis pour les autres par le support de la voix, ce qui a d'abord été reçu dans l'amour. Un verbe naît quand la chose qu'il exprime plaît, en vue du bien ou en vue du mal[46].

Augustin peut alors donner cette définition : « *Verbum est igitur* [...] *cum amore notitia* – Le verbe est donc [...] une connaissance accompagnée par

43. Voir C. Panaccio, *Le discours intérieur*, p. 109 ; I. Koch, « Le *uerbum in corde* chez Augustin », *op. cit.*, p. 2 ; M. Sirridge, « "Quam videndo intus dicimus" », p. 319.

44. *De Trin.* IX 7, 13, *CC* 50, 304.

45. *De Trin.* IX, VII, 13-VIII, 13, *CC* 50, 304-305.

46. Cette subordination de l'intelligence à l'amour fait déjà partie de la définition du verbe comme maître intérieur donnée dans le *De magistro* 11, 38. On y lit en effet que le verbe, qui est dans ce texte la sagesse de Dieu elle-même, se manifeste à chacun « *quantum capere propter propriam, siue malam siue bonam uoluntatem potest* – qu'autant qu'il peut le saisir selon sa propre volonté, mauvaise ou bonne » : c'est bien déjà dire que le verbe n'est entendu que lorsqu'il est accompagné de l'amour (*cupiditas* ou *caritas*) de celui qui le reçoit.

l'amour »[47]. La connaissance ne naît qu'à la condition que l'on aime ce que l'on connaît. Cette connaissance accompagnée d'amour s'exprime dans un verbe et l'on voit alors comment Augustin envisage la réconciliation entre les deux pôles du langage, celui de la réception et celui de la communication : c'est l'amour même de ce que l'on reçoit qui rend possible la parole de connaissance à son sujet. Pour parler, il faut aimer : on ne parle jamais que de ce qu'on aime – le reste est bavardage. Ainsi pensé, le verbe intérieur permet donc de comprendre pourquoi c'est en fonction du désir et selon sa primauté que nous pouvons nous rapporter à la vérité. Certes, il y a bien une réalité que nous aimons. Mais seul notre amour pour cette chose nous permet d'accéder à la compréhension, par notre verbe, de ce que d'abord nous aimons. La vérité est bien d'abord quelque chose que l'on désire et que l'on aime, avant d'être objet d'une connaissance, et ce qui nous le montre concrètement, c'est ce que nous révèle notre langage, hors duquel nous n'avons aucune connaissance. Or le langage naît de l'amour. Augustin peut alors affirmer l'adéquation de Dieu et de la vérité : puisqu'il est le plus aimable, étant le seul désirable par lui-même (de Dieu seul on jouit – *frui* – et on n'use pas – *uti*), il est aussi celui dont nous pouvons avoir la plus parfaite connaissance. Il y a d'ailleurs là un paradoxe fécond de la réflexion augustinienne : c'est parce qu'il est celui dont nous pouvons le plus avoir un verbe vrai, étant le plus aimable, que Dieu ne peut également jamais être parfaitement dit par notre discours : il est ineffable[48].

Ce rapport du verbe à l'esprit par l'amour provoque cependant une objection, qu'Augustin a d'ailleurs émise dans son propre texte : « On demande donc avec raison si toute connaissance est un verbe, ou seulement la connaissance de ce qu'on aime. En effet nous connaissons aussi les choses que nous haïssons »[49]. Mais d'abord, « toutes les choses qui nous touchent d'une certaine manière ne sont pas conçues pour autant ». Ces choses, comme celles que nous haïssons, ne sont connues qu'en apparence en quelque sorte, et ne sont pas des verbes : « De sorte qu'étant seulement connues (*tamtum nota sint*), on ne dit cependant pas de ces choses qu'elles sont des verbes »[50]. Comment comprendre cette expression : « *tantum nota sint* », si ce n'est qu'il est possible d'avoir connaissance de quelque chose qu'en réalité nous ne comprenons pas, dont nous n'avons aucune intelligence et qui finalement nous échappe ? L'intelligence nécessite le verbe intérieur, « lorsque plaît ce qui est conçu par l'esprit (*mente*) ». Mais nous avons parfois un verbe de ce que nous haïssons, lorsque par exemple nous en montrons le défaut :

Cependant lorsque ces choses que nous haïssons déplaisent comme il le faut, et que nous les réprouvons avec raison, nous approuvons cette désapprobation,

■ 47. *De Trin.* IX, 10, 15, *CC* 50, 307.
■ 48. Voir par exemple *De libero arbitrio* III, 12, 35 : « Où que se tourne notre attention, nous voyons que Dieu doit être loué d'une manière ineffable, lui qui a créé toutes choses excellemment et gouverne tout avec la plus grande justice. »
■ 49. *De Trin.* IX, 10, 15, *CC* 50, 306.
■ 50. *Ibid.*

et cela nous plaît : c'est un verbe. Car ce n'est pas la connaissance du vice qui nous déplaît, mais le vice lui-même[51].

Remarquons d'abord que cette manière de voir s'appuie sur une définition du mal comme non être, ce que rappelle d'ailleurs Augustin dans ce même paragraphe : le vice est « *priuatio uirtutis* », il est du côté du « *non esse* » et de la négation (« *negare* »). Or de ce qui n'est pas, on ne peut à proprement rien dire. Rappelons également qu'Augustin n'exclut pas de sa définition du verbe comme connaissance accompagnée d'amour (*cum amore notitia*) la possibilité d'un amour qui ne soit pas celui de la *caritas* mais celui de la *cupiditas*. Si l'on aime en vertu de l'amour perverti qu'est la *cupiditas*, ce qu'on connaîtra ne sera pas la perversion de cet amour, mais ce qui est aimable dans la chose aimée.

Cette définition du verbe explique la position d'Augustin à l'égard de l'erreur[52], et du mensonge[53]. Ce que sait le menteur, c'est qu'il ment : « Lorsque nous mentons, alors nous avons un verbe faux en le voulant et en le sachant : là où le verbe est vrai, c'est que nous mentons ; et cela en effet nous le savons »[54]. Dès lors, le mensonge n'est pas un acte ponctuel ; il a, comme le dit Jean-Louis Chrétien, « une dimension existentiale »[55], le menteur étant celui qui n'aime que son propre mensonge. Vivre selon la vérité, au contraire, c'est ouvrir son désir à ce qui ne provient pas de soi-même. Le menteur est donc celui qui vit « selon lui-même »[56], qui n'aime que ce qui provient de lui, à savoir son intention de mentir ; mais la vérité n'est pas une chose dont on s'empare et que l'on peut choisir de ne pas faire connaître, car si on la garde pour soi-même, on s'en prive par le mouvement même qui voulait nous la conserver.

Quiconque revendique pour soi-même ce que [Dieu] propose à la jouissance de tous et veut avoir pour soi-même ce qui appartient à tous, est refoulé du fonds commun à son propre fonds, c'est-à-dire de la vérité au mensonge. En effet celui qui ment parle selon lui-même[57].

---

51. *Ibid.*

52. Un texte mportant d'Augustin sur l'erreur se trouve dans le livre XII du *De Genesi ad litteram* ; voir notamment *De Gen. ad litt.* 12, 25, 52. Sur l'erreur chez Augustin, voir B. S. Bubacz, « Augustine's "visio intellectus" and Perceptuel Error », *Augustiniana* 27 (1977), p. 133-138 ; G. O'Daly, *Platonism Pagan and Christian : Studies in Plotinus and Augustine*, London-New-York, Routledge, 2001, le chap. VII, « Anima, Error, and Falsum in some Early Writings of St Augustine ». Sur l'erreur chez Augustin et les auteurs médiévaux qui suivent, voir G. R. Evans, *Getting it Wrong. The Medieval Epistemology of Error*, Leiden, Brill, 1998.

53. Sur le mensonge chez Augustin, voir J.-L. Chrétien, *Saint Augustin et les actes de parole*, Paris, P.U.F., 2002, chap. « mentir », p. 113-120, ainsi que B. Ramsey, « Mensonge (le)/ Contre le mensonge (*De mendacio/ Contra mendacium*) », *Encyclopédie Saint Augustin, la Méditerranée et l'Europe, IVe-XXIe siècle*, Paris, Cerf, 2005, p. 957-961. Sur ce que les Pères de l'Église ont dit du mensonge avant lui, voir l'article « Mensonge » de L. Godefroy dans le *Dictionnaire de théologie catholique*, p. 556-570 et l'article de P. Sarr, « Discours sur le mensonge de Platon à saint Augustin : continuité ou rupture », *Dialogues d'histoire ancienne* 36, 2010, p. 9-29. Voir aussi K. E. Kirk, *Conscience and its Problems : an Introduction to Casuistry*, London, Longmans, Green and Co, 1948, p. 182-188. Sur les développements médiévaux de la théorie augustinienne, voir I. Rosier, « Les développements médiévaux de la théorie augustinienne du mensonge », *Hermès* 15, 1995, p. 91-103.

54. *De Trin.* XV, 15, 24, *CC* 50A, 497. Voir aussi *De mendacio* 3, 3, *BA* 2, p. 239 : « Aussi dit-on que le menteur a un cœur double, c'est-à-dire, une double pensée. Il a une pensée qu'il sait et juge vraie, mais qu'il garde pour lui ; et il en a une seconde qu'il sait et juge fausse, mais qu'il exprime à la place de la première. »

55. J.-L. Chrétien, *Saint Augustin et les actes de parole*, Paris, P.U.F., 2002, p. 115.

56. Voir *De ciuitate Dei*, XIV, 4, 1, *BA* 35, p. 363.

57. *Confessions* XII, 25, 34, *BA* 14, p. 403.

Cela éclaire encore la réflexion d'Augustin sur le langage, comme le fait remarquer Chrétien : si l'on ne peut parler que de ce qu'on aime, c'est qu'on ne peut aimer que ce que d'abord on est prêt à accueillir et à écouter : « l'écoute est l'acte de parole le plus foncier [...] ; se tient dans le mensonge ou la fausseté toute parole qui n'est pas née et ne naît pas de l'écoute »[58].

L'erreur est un phénomène plus complexe : elle consiste en effet a être sincèrement convaincu de ce qu'on croit connaître, alors qu'en réalité on ne connaît rien. Phénomène qu'on peut élargir à celui qui consiste à parler sans savoir : « Ne disons-nous pas beaucoup de choses que nous ignorons ? »[59]. La parole qui exprime ces choses est sans fondement : elle ne repose pas sur un véritable verbe intérieur, « car il n'y a pas de verbe véritable, à moins qu'il soit engendré par la chose que l'on sait »[60]. Augustin envisage même le cas où l'on affirme une chose, qu'on croit sans savoir, et qui se révèle être vraie. Pour autant, il n'y a pas de verbe véritable à l'origine de cette affirmation : « Si par hasard ces choses sont vraies, elles le sont dans la réalité elle-même de quoi nous parlons, et non dans notre propre verbe »[61]. Augustin ne réfléchit donc pas à l'erreur à partir des caractéristiques d'un langage articulé comme étant « un énoncé erroné en termes d'usage et de combinaison incorrects des *uerba* et des entités propositionnelles qui en sont constituées[62] » et au demeurant, il ne l'envisage pas véritablement. Ce qui l'intéresse est d'affirmer qu'il n'y a de verbe intérieur que vrai.

L'analyse de l'erreur permet cependant de faire apparaître un aspect très important du verbe intérieur. Il est en effet défini comme un mouvement de l'esprit qui se concrétise dans un *uerbum cordis* lorsque ce qu'on cherche à connaître est pensé par un verbe ressemblant à ce qui est connu dans la vision, et qui est connu parce qu'il est aimé :

Et le verbe devient vrai, lorsque cela, dont je parle, que nous jetons par un mouvement rapide, parvient à ce que nous savons : là il se forme en prenant la parfaite ressemblance de cette chose ; de sorte que de la même manière que la chose est connue, elle est aussi pensée, c'est-à-dire qu'elle est exprimée dans le cœur, mais sans voix, sans pensée de voix qui appartiendrait à quelque langue que ce soit[63].

Par ce devenir vrai du verbe, Augustin introduit dans la définition de l'intelligence du vrai la dimension existentielle de la temporalité. C'est en effet parce qu'il se forme dans le temps, progressivement, que le verbe humain se distingue du verbe divin, qui est « une forme simple et simplement égale à celui de qui elle est, et à qui elle est admirablement coéternelle[64] ». Dans le verbe humain, il faut au contraire distinguer, et envisager ce qui est avant et ce qui vient après. Avant, il y a ce mouvement de l'âme, qu'il faut bien appeler verbe cependant : « Il faut bien l'appeler verbe, cette certaine chose de notre

■ 58. J.-L. Chrétien, *Saint Augustin et les actes de parole*, op. cit., p. 120.
■ 59. *De Trin.* XV, 15, 24, *CC* 50A, 497.
■ 60. *Ibid.*
■ 61. *Ibid.*
■ 62. I. Koch, « Le *uerbum in corde* chez Augustin », op. cit., p. 12.
■ 63. *De Trin.* XV, 15, 25, *CC* 50A, 499.
■ 64. *De Trin.* XV, 15, 25, *CC* 50A, 500.

esprit, qui a la possibilité d'être formée à partir de notre science, avant même d'être effectivement formée, parce que déjà, pour ainsi dire, elle est capable d'avoir une forme »[65]. Après, il y a le « *uerum uerbum* », lorsque ce qui est pensé (*cognitus*) est véritablement semblable à ce qui est su (*scitus*). Ainsi, Augustin introduit jusque dans l'intimité du rapport au vrai la dimension du temporel, de l'historique – c'est-à-dire du décalage temporel et historique, qu'on pourrait nommer, en reprenant le mot de Levinas, le diachronique ; ce faisant, il y introduit aussi la dimension de l'espérance, ce que manifeste la possibilité de l'erreur : « Lorsque nous le verrons tel qu'il est, […] alors, certes, notre verbe ne sera pas faux, puisque nous ne mentirons pas ni ne nous tromperons »[66]. L'erreur est donc une déficience du verbe humain, mais qui disparaîtra, (ainsi, d'ailleurs, que le mensonge) quand toute parole sera devenue vraie et éternelle.

Cette espérance n'existe pas seulement à propos de l'erreur. Le verbe intérieur est un verbe qui aime ce qu'il pense, ce qui implique qu'il approuve ce qu'il exprime, mais aussi qu'il ne se satisfasse pas parfaitement de ce qu'il atteint dans le temps. Il est en effet ce mouvement qui prend parfaitement forme lorsqu'il pense ce qui est connu, tel qu'il est connu. Or, pour Augustin, les choses ne sont pas parfaitement connues dans le temps, ce qu'il aime répéter à la suite de Paul[67], et qui est d'ailleurs le sens de l'exclamation introductive du livre X des *Confessions* : « *Cognoscam te, cognitor meus, cognoscam, sicut et cognitus sum* – Que je te connaisse, toi qui me connais, que je connaisse comme moi aussi je suis connu. » Telle est en effet l'espérance augustinienne : « Entre en mon âme et te l'attache, afin que tu la possèdes et la tiennes sans tâche ni ride » ; « c'est là mon espérance ; c'est pour cela que je parle et en cette espérance je me réjouis »[68]. L'esprit humain ne connaît que dans la mesure où il est déjà connu, et sa connaissance n'augmente que dans la mesure où il se laisse connaître. Il tend, par son désir, à être un jour parfaitement connu et par la construction affective de son désir, c'est-à-dire par la structure temporelle de ce désir (qui a nom espérance), à être un jour parfaitement connaisseur de la vérité – c'est l'intention, que décrit la fin du livre XI des *Confessions*.

Il est donc clair que « l'engendrement du verbe intérieur est […] plus que la simple saisie d'une signification »[69] : il est l'expression de l'espérance qui anime toute connaissance accompagnée d'amour. On ne peut donc pas rabattre la définition augustinienne sur la philosophie stoïcienne : être une « connaissance accompagnée d'amour » est tout autre chose qu'être « à la fois représentation et assentiment »[70]. L'activité d'assentiment de l'esprit n'est rendue possible que par la passivité plus fondamentale d'une espérance d'être parfaitement connu et aimé, et de pouvoir ainsi parfaitement connaître et aimer. Si le verbe suscite l'action en donnant accès à l'intelligence, c'est

---

■ 65. *De Trin.* XV, 15, 25, *CC* 50A, 499.
■ 66. *De Trin.* XV, 16, 26, *CC* 50A, 501.
■ 67. 1 Cor. 13, 12.
■ 68. *Confessions* X, 1, 1, *CC* 27, 155.
■ 69. I. Koch, « Le *uerbum in corde* chez Augustin », *op. cit.*, p. 24.
■ 70. *Ibid.*

toujours en vue de ce qui est aimé qu'il provoque cette action. Cet « en vue de », c'est l'espérance d'avoir la plus claire intelligence possible de ce qui doit être connu, et dans le verbe intérieur, l'espérance est moteur autant que l'amour et avec lui, car le verbe intérieur n'est pas encore parfait. Le verbe exprime une connaissance qui veut la pleine possession de ce qu'il connaît ; il tend toujours vers la parfaite intelligence de ce qui est su, parce que le verbe n'exprime pas seulement, plus ou moins adéquatement, ce qui a été vu selon une syntaxe verbale ; il dit en même temps (et c'est le plus important) l'espérance de l'intelligence de coïncider parfaitement avec ce dont elle parle par et à partir de son désir et d'accéder ainsi à la pleine connaissance. Il ne s'agit pas seulement de « s'impliquer personnellement » dans la recherche de la vérité, mais de penser concrètement la définition de la vie heureuse comme joie de la vérité, *gaudium ueritatis*[71].

Il n'est donc pas exact de mettre l'accent de la théorie du verbe intérieur sur la seule dimension de production active de l'esprit humain, en opposition au modèle de la vision et de l'illumination qui serait pure réception. Car l'activité du *uerbum cordis* s'enracine dans la vision et dit l'attente d'une parfaite contemplation lorsque tout sera connu et parfaitement connu. La relation du verbe intérieur à ce qui est connu n'est donc pas seulement de production, en opposition à la pure réception ou impression de la vision, car le verbe intérieur est ce mouvement de l'âme qui doit se rendre parfaitement semblable à ce qu'il pense. Mais s'il peut ainsi se rendre semblable à ce qu'il pense, c'est parce qu'il se fonde d'abord sur notre désir : notre amour engendre en nous l'intelligence de ce que nous aimions sans le connaître. Le verbe intérieur est la pensée parvenue à ce que nous savons par notre désir et qui en prend la forme : « Lorsque notre pensée parvient à ce que nous savons et qu'elle est formée à partir de là, notre verbe est vrai »[72].

Il ne s'agit pas toutefois de nier que le modèle verbal insiste bien plus fortement que celui de l'illumination par le maître intérieur sur l'activité humaine dans le processus de la connaissance. L'esprit porte, avec l'idée du verbe intérieur, plus qu'un concours moral qui consisterait à ouvrir ou fermer son cœur à la vérité introduite et présentée par Dieu. Mais il est excessif de ne voir dans le modèle verbal que la preuve du fait que l'esprit humain peut produire ses propres pensées, produire une réalité nouvelle, sans devoir les recevoir de Dieu. À ce titre, d'ailleurs, la pensée augustinienne du verbe intérieur n'aurait d'intérêt qu'en rapport avec les théories modernes de la signification : elle ne pourrait valoir pour elle-même, restant par trop empreinte de théologie. Elle n'aurait qu'un rôle de précurseur :

> Seul le modèle verbal, même s'il ne fait chez Augustin nulle place à une quelconque articulation noétique, rend possible d'ouvrir sa théorie cognitive à l'idée que penser est affaire de production mentale et non de contemplation[73].

▤ 71. *Confessions* X, 23, 33.
▤ 72. *De Trin.* XV, 16, 25, *CC* 50A, 500.
▤ 73. I. Koch, « Le *uerbum in corde* chez Augustin », *op. cit.*, p. 28.

Mais une telle opposition de la production mentale et de la contemplation n'est pas fidèle à la pensée d'Augustin. L'idée du *uerbum cordis* permet plutôt de comprendre comment l'esprit humain peut se rapporter à la vérité, sans se confondre avec elle et en gardant par rapport à elle une véritable liberté, qui est liberté du désir[74]. C'est le rapport de la liberté humaine à la nécessité (et la contrainte) d'une vérité qui vient de Dieu, qui même est Dieu, que le *uerbum cordis* permet de penser.

Dans le *De magistro* l'esprit illuminé n'apporte qu'un concours moral à ce qui lui est révélé, en l'acceptant ou en le refusant ; l'idée du verbe intérieur développée dans le *De Trinitate* corrige ce premier modèle. Grâce au *uerbum cordis* Augustin parvient à penser que l'esprit n'est pas seulement une volonté face à la vérité, mais qu'il est aussi une intelligence. La réflexion sur le verbe intérieur ouvre un temps pour l'esprit, qui n'est plus seulement construit autour de l'idée de la conversion du désir, mais qui s'élabore aussi selon la croissance de cette intelligence, de sorte que celui qui a trouvé continue de chercher, dans le langage et par l'usage des mots, ce vers quoi le tend son désir.

Le verbe cordial nous paraît donc le moyen par lequel Augustin pense un accès à la vérité qui ne se fasse pas sur le mode de l'éblouissement, dans la présence à une vérité absolue et totalisante, mais sur le mode diachronique d'une vérité qui, quand elle est vue, reste encore à trouver. Cette idée se trouve déjà chez Grégoire de Nysse, dans son *Commentaire sur le* Cantique des cantiques ; elle est exposée aussi dans la *Vie de Moïse* : « C'est en cela que consiste la véritable vision de Dieu, dans le fait que celui qui lève les yeux vers Lui ne cesse jamais de Le désirer »[75]. La perfection du désir est dans sa croissance perpétuelle. Augustin reprend cette idée, dans deux endroits de son œuvre, en s'appuyant sur le psaume 104 qui dit : « Cherchez toujours sa Face ». Dans le commentaire du psaume il souligne surtout ce que cela signifie sur notre désir ; dans le livre XV du *De Trinitate* il insiste davantage sur ce que cela nous apprend de l'acte d'intelligence : Dieu n'est jamais parfaitement trouvé. Ou plutôt, une fois trouvé, il faut continuer de le chercher. Mais « qu'on ne pense pas n'avoir rien trouvé quand on est parvenu à trouver combien est incompréhensible ce qu'on cherchait. » Car il devient « meilleur et meilleur encore celui qui cherche un bien si grand qu'il est cherché pour être trouvé, et trouvé pour être cherché ». C'est bien la grandeur de ce bien, qu'on ne trouve que pour « le chercher avec plus de désir »[76], qui explique qu'on s'y rapporte d'abord par le désir, avant même de le connaître. Connaître par l'intelligence, au moyen de notre verbe, est la manière que nous avons de rapporter concrètement notre existence à une vérité qui se manifeste d'abord et finalement comme désirable et aimable.

Que la vérité soit toujours à chercher découle de ce que, précisément, elle est vraie et donc sans clôture. C'est cette capacité à nous surprendre toujours (et qui la rend aimable), le caractère proprement inépuisable de la vérité qui permet à la vie béatifique d'être heureuse. La joie de la vérité,

---

■ 74. Cette liberté qui justifie, par exemple, qu'on puisse proposer des exégèses variées d'un même texte biblique.
■ 75. G. de Nysse, *La Vie de Moïse ou Traité de la perfection en matière de vertu*, trad. fr. J. Daniélou, Paris, Cerf, 1955.
■ 76. *De Trin.* XV, 28, 51.

que pensent les *Confessions*, est joie précisément parce qu'elle repose sur cette passivité radicale qui est une incapacité – non pas due à nous-mêmes, mais à ce qu'est la vérité – de maîtriser la vérité. Cette incapacité est ce que permet de thématiser la réflexion augustinienne sur le verbe intérieur, puisqu'elle nous fait voir que ce que nous disons, nous le disons en vertu d'un verbe qui échappe nécessairement à notre activité intellectuelle, au sens où ce n'est pas elle qui le produit. La manière par laquelle il nous est permis d'accéder à la connaissance de ce verbe en nous qui guide nos propres paroles articulées, est l'affectivité. Mais l'affectivité n'est pas une passivité qu'Augustin opposerait, pour la dénigrer, à l'activité de la raison ; c'est au contraire le mode de l'existence humaine selon lequel notre esprit peut, grâce à l'espérance qui l'anime, dire dans le langage de son attente ce qu'il ne peut parvenir à dire pleinement et directement. Il ne s'agit donc pas seulement, par une conversion du désir, d'engendrer comme par miracle la vérité : cet engendrement se fait dans un langage, qui est le langage affectif de l'espérance. Pour dire, le verbe intérieur est à l'origine d'une véritable pensée, mais une pensée affective, et d'une véritable compréhension de ce qu'est le vrai, c'est-à-dire en somme d'une activité de l'esprit qui parvient ainsi à connaître cette vérité d'où il tient sa joie.

Le temps de la recherche, le temps de l'intelligence de la vérité est donc le temps de l'espérance ; et il est le temps de la joie de la vérité, dans la mesure où « *in ea spe gaudeo quando sanum gaudeo* – dans cette espérance je me réjouis, lorsque ma joie est saine ».

Anne de Saxcé
Lycée Camille Saint-Saëns

LES INTROUVABLES DES CAHIERS

ÉLÉMENTS POUR UNE HISTOIRE DE l'ANTHROPOLOGIE
de la Renaissance au XVIIIe siècle[1]

Francine Markovits et André Pessel

S i l'histoire voulait être un recensement exhaustif des théories, cela supposerait que pour chaque période, on eût déjà une doctrine sur la division des savoirs et des pratiques où les anthropologues supposés ont élaboré, sous d'autres titres sans doute, diverses méthodes d'analyse de la diversité humaine. Préférant procéder par échantillons et par comparaisons, nous n'avons pas suivi à proprement parler la succession chronologique et nous en sommes tenus à de brèves remarques avant d'aborder le XVIIIe siècle : il faudrait renvoyer le lecteur à l'abondante littérature de voyages et à ce qui en constitue les corollaires, les traités sur l'histoire universelle et les ouvrages qui traitent de la conversion.

D'autre part, nous nous sommes arrêtés au XVIIIe siècle avant que l'anthropologie n'entre dans sa phase « scientifique ». C'est aussi le moment où le rapport entre l'anthropologie et l'éthique intervient de manière caractéristique sous la plume des écrivains sceptiques pour penser la constitution historique des sujets humains et récuser les impératifs universels du droit naturel.

Théorie des variétés de l'homme physique, de la diversité des tempéraments et des conditions, de la variation des institutions et des mœurs selon les temps et les lieux, l'anthropologie prend l'homme pour objet et tente de construire un système de variables où s'organise le sens des pratiques et des discours[2]. Le terme d'anthropologie est ainsi attesté de façon constante et fréquente au XVIIIe siècle, ce qui n'était pas le cas antérieurement, et différents savoirs sont convoqués pour servir de méthode ou de modèle à cette discipline. Les physiques, cartésienne ou newtonienne, la géométrie de l'infini et le calcul du hasard, les théories du discours et le débat entre cartésiens et sensualistes, l'économie politique dans son conflit avec les héritiers des doctrines du droit naturel, la médecine et la mise en question des rapports entre le physique et le moral dans l'homme.

■ 1. Les *Cahiers philosophiques* remercient le Musée du Quai Branly, actuel éditeur de la revue *Gradhiva*, pour leur aimable autorisation de réédition de ce texte de F. Markovits et A. Pessel.
■ 2. *La naissance de l'idée de sujet et l'anthropologie au XVIIe siècle* est le titre d'un séminaire d'André Pessel qui s'est tenu au Collège international de philosophie pendant l'hiver 1988-1989.

Mais il ne faut enfin pas négliger le fait qu'avec la Révolution, des discours qui étaient critiques et spéculatifs sont devenus des programmes : des académies aux écoles, la théorie change de teneur et de fonction. Il se pourrait que les thèmes de la périodisation et de la perfectibilité ne postulent pas toujours dans ces écrits théoriques, un progrès de l'humanité et que, contrairement à nos habitudes cassirériennes de lecture, ce progrès ne soit pas au centre des débats : loin d'être l'expression de tout un siècle, la doctrine du progrès des Lumières ferait seulement partie de l'arsenal d'un groupe de philosophes même si plus tard elle devint le fil conducteur de pratiques nouvelles et de nouvelles institutions.

La difficulté théorique d'une définition de l'anthropologie consiste donc à ne pas se donner d'emblée ce qui est le résultat d'une histoire peut-être contingente, à ne pas supposer la discipline comme enveloppée dans les « tentatives » de quelques précurseurs. En réalité, la colonisation, le commerce et la conversion, les techniques comparatistes des philologues, des juristes et des historiens, les entretiens spirituels et les sermons, les romans et les fables autant que les galeries de portraits des moralistes pratiquent une anthropologie non déclarée.

À l'occasion des voyages et des échanges, se reconnaît une incommunicabilité : les historiens, les écrivains pourront bien établir des équivalences fonctionnelles à partir de tableaux de variation où figurent les facteurs de la culture, et procéder à des traductions de la division d'une société à l'autre, d'une division des savoirs à l'autre, le nombre infini de ces versions ne renvoie pas chez tous les écrivains à un fond commun dont elles seraient l'expression. Mais il n'y a nul consensus sur ce point. Il y a donc au moins deux partis en présence. Et notre propos est de nous interroger sur les termes de ce débat.

Au XVIIᵉ siècle, le terme d'anthropologie équivaut, dans son usage, à notre terme anthropomorphisme.

Absent du dictionnaire de Furetière, il se trouve chez des philosophes comme Leibniz (*Discours de Métaphysique*, 1686) ; Malebranche dit « humaniser toutes choses » (*Entretiens sur la métaphysique et la religion*, 1688). La secte des Anthropomorphites (*L'Encyclopédie* de Diderot et d'Alembert et *Dictionnaire philosophique* de Voltaire) prend au pied de la lettre les expressions figurées que l'Esprit-Saint a employées dans l'Écriture pour se proportionner à l'intelligence des hommes. L'anthropologie, au XVIIᵉ siècle, a d'abord un sens théologique. En même temps, et plus fréquemment attesté, le sens anatomique et physique du terme anthropologie nous renvoie à une partie de l'économie animale, le terme d'économie signifiant justement, à la même époque, dans l'organisation à la fois animale, domestique et politique, un « art » de gérer, une épargne des moyens en vue des fins (Montchrétien, *Traité de l'économie politique*, 1615, Dictionnaire de Richelet, 1679, Leibniz, *Théodicée*, 1710). L'anthropologie est ainsi un traité de l'homme en tant que vivant ou encore une anthropographie. C'est une étude anatomique du corps humain traité comme un autre corps selon la méthode des iatromécaniciens (Vésale, *De humani corporis fabrica*, 1543). Jean Huarte avait montré vers 1580 (*Examen de ingenios para las scientias*, traduit en français en 1645 par Vion d'Alibray) à quels signes on peut reconnaître des dispositions naturelles pour une science déterminée car il y a une correspondance entre les tempéraments, les facultés et les sciences. Les premières occurrences du terme d'anthropologie (par exemple Magnus Hundt, *Anthropologia de hominis dignitate, natura et proprietatibus*, 1501 ; Galazzo Capella, *Anthropologia*, Venise, 1533) ne dissocient pas non plus l'étude du corps humain de l'étude des tempéraments et des arts. Le partage entre le physique et le moral commandera plus tard la vérité du savoir. À la Renaissance, et sous le terme souvent aussi employé, d'histoire, le signe de la vérité est dans cette intrication des dimensions.

En faisant l'histoire (au sens chronologique) de la notion, l'Encyclopédie de Diderot et d'Alembert cite dans la tradition des iatromécaniciens les ouvrages de Jean Riolan (Paris, 1649), Kerkring (Amsterdam, 1671), Cowper (Londres, 1697), Drake (Londres, 1607 et 1627), Teichmeyer (Gênes, 1739), Henry Harrington (Londres, 1655) et Petrus Camper (1791, qui ont écrit aussi et comme Descartes (*La description du corps humain ; la formation de l'animal*, 1648), des anthropologies physiques. *La Venus métaphysique* (par M. L., Berlin, 1752) cite Johann Sperling (1668). La disjonction du physique et du moral s'effectue mais elle est plutôt un partage idéologique qu'une étape dans le progrès de la connaissance et les auteurs sont parfois eux-mêmes divisés dans ce partage : témoin *Les passions de l'âme* (1649) où Descartes conjugue sémiologie et mécanique.

En revanche, l'article « anatomie » de la même *Encyclopédie*, qui nous laisserait plutôt attendre une description purement physique, après avoir reproduit les principales figures dessinées par les grands anatomistes et donné l'abrégé de leurs hypothèses, après avoir fait une histoire de la notion et une histoire du corps humain, nous propose un problème où s'articulent le progrès de la médecine et l'éthique. Or ce problème nous invite à penser la relation entre la santé et le salut et nous prépare insensiblement à envisager d'autres institutions et d'autres mœurs. Par où il s'avère être un problème anthropologique.

Que dit cet article ? Les choses n'étant pas dans un cadavre ce qu'elles sont dans un corps vivant, l'anatomie ne suffit pas à faire progresser la médecine. La question est donc de savoir si l'homme vif peut se prêter à l'expérience, si les médecins pourraient avoir le droit de tenter une expérience sur un condamné. Naturellement, il y faudrait la condition expresse de son consentement, le succès de l'opération signifierait la grâce du condamné, la responsabilité des magistrats serait donc impliquée et on prendrait le maximum de précautions et de garanties médicales. Une telle hypothèse nous fait sortir de la logique de l'expiation et du salut et changer l'évaluation du prix de la souffrance et des peines. Le problème de la torture n'est qu'implicitement présent dans le texte, mais cette absence n'en opère pas moins puisque, pour répondre au scandale d'une telle expérience, l'article récuse l'appel à « l'humanité » : à l'époque où la question est une pratique judiciaire, qui oserait dire « torturez, mais n'opérez point » ? Que le texte ne formule pas la question n'est pas étonnant. Il la fait cependant agir. On trouverait d'autres exemples de ce dispositif chez Diderot ou chez Mérian[3]. Diderot propose de croiser des hommes et des

■ 3. D. Diderot, *Suite de l'Entretien*, dans *Œuvres philosophiques*, P. Vernière (éd.), Paris, Garnier, 1964. J.-B. Mérian, *Mémoires sur le problème de Molyneux*, avec une postface de F. Markovits, Paris, Flammarion, 1984 (Huitième mémoire).

chèvres pour en faire des chèvre-pieds, et plaisante sur les inconvénients que les duchesses pourraient trouver à les placer derrière leurs carrosses et à en faire leurs laquais. Mais n'est-ce pas en réalité dire une pratique sociale qui ne s'avoue pas comme telle et traite les domestiques comme des animaux ? Or la fable a une apparence scientifique et nous nous y méprenons.

Autre exemple, Mérian propose d'aveugler les enfants trouvés, ou de leur bander les yeux pendant leur enfance puis de suivre en eux le progrès des connaissances. Belle leçon ! Mais si nous ne supportons pas le scandale de tous ces exemples, c'est que l'expérience fictive énonce des pratiques réelles. Les domestiques et les enfants trouvés n'ont pas de droits et le scandale de ces textes est de montrer sans le dire l'aveuglement de notre pratique sociale.

On invoque bien l'humanité pour interdire de telles expériences, mais, pour en revenir à l'opération du condamné, l'article de l'*Encyclopédie* demande « l'humanité n'est-elle pas ce qui est utile aux hommes ? » Nous ne pouvons nous excuser sur les institutions, les pratiques sociales nous sont aussi imputables que les expériences médicales. On assiste ainsi à la subversion d'une morale de l'intention en une éthique des effets. La souffrance sociale n'est pas le prix de la vie, la souffrance du condamné n'est pas son expiation. Point de salut par la souffrance, la souffrance est un fait, il convient de la ménager, il ne convient pas de la sanctifier. L'éthique médicale, en se déclarant contre l'éthique du salut, ouvre la voie à un autre savoir sur l'homme.

Il s'agit donc de retrouver le fil conducteur de cette articulation entre l'éthique et l'anthropologie car avant de comparer les sociétés entre elles comme si elles étaient offertes à un regard atopique et souverain, il convient de penser l'implication de l'observateur dans les conditions de l'observation. On a l'habitude en effet de penser l'anthropologie comme l'étude d'une société par une autre société qui lui est étrangère comme si l'extériorité de l'objet au sujet connaissant était une condition de validité de la connaissance. C'est concevoir la connaissance comme une spéculation. Or on constate qu'au XVIe siècle, avec les problèmes de la colonisation, de la conversion, des guerres de religion, la question s'inverse : une société s'impose à une autre comme un modèle, mais cette relation extérieure est aussi à l'image des divisions internes. Une typologie de ces modèles est dès lors requise, que nous la nommions, comme aujourd'hui, anthropologie, ou comme alors, histoire.

Comment ne pas voir en effet que le discours sur le lointain fonctionne comme alibi d'un discours sur le prochain ? Le discours sur les Indiens est engagé dans une polémique entre les partisans de la conversion en masse et les partisans de la conversion par la douceur (Pierre Bergeron, *Traité de la navigation*, 1629 ; Gabriel Sgard, *Histoire du Canada*, 1636). La conversion en masse est politique, elle anéantit l'autre. Dans la conversion douce, le missionnaire exhorte l'Indien, qui exhorte sa famille. Mais ce type de conversion enseigne à la fois la reconnaissance de l'autre et la duplicité : l'Église suscite la duplicité chez les Indiens comme l'Inquisition l'a suscitée chez les Marranes, comme les Chinois pour se laisser approcher, l'ont suscitée chez les Jésuites (*Lettres édifiantes et curieuses de Chine par des Missionnaires jésuites* 1702-1776) [4] D'une façon analogue, Marana (*L'espton dans les cours des princes chrétiens*, Cologne, 1705) expose les lois et les mœurs des Turcs et des musulmans envers les chrétiens comme l'image négative des mœurs des catholiques envers les protestants : ce sera, par exemple, au lieu des persécutions religieuses, un impôt qui assure la liberté de culte aux chrétiens.

Dès lors, à la préséance d'une religion révélée dans une histoire universelle se substituent des histoires particulières qui sont attentives au renversement des rôles dans les relations proprement politiques entre les religions (Loys le Roy, *De la vicissitude ou variété des choses en l'univers*, 1575, La Popelinière, *Histoire des histoires*, 1599). L'histoire providentielle finalisée par un temps linéaire enveloppant toutes les sociétés sous un unique regard et dont le grand paradigme est *La Cité de Dieu* de saint Augustin, continue bien à tenir un rôle officiel mais parallèlement, que ce soit ouvertement ou clandestinement, la typologie des religions et des sociétés s'écrit selon une certaine contingence, sans tentative de totalisation, dans des rapprochements terme à terme du contenu des institutions, des mœurs, en prenant appui sur les travaux des philologues et des juristes comparatistes.

Une autre conséquence de cette typologie des modèles d'altérité est la séparation de deux discours sur l'homme : l'un considérant l'homme comme sujet (de la connaissance, de la moralité, de la religion, de l'histoire...) se donne une fonction régulatrice et normative (par exemple *La sagesse* de Charron, 1604) et propose un idéal : le sage. L'autre considère l'homme comme un objet à propos duquel on étudie des systèmes de variation : passions, mœurs, institutions, religions, etc. (par exemple, La Mothe Le Vayer, *Dialogues faits à l'imitation des Anciens*, 1632) ; en revanche les *Essais* de Montaigne jouent sur les deux logiques. L'unité du savoir n'est pas dans l'homme mais dans un moment déterminé de l'espace et du temps. Cette typologie des modèles d'altérité qui est aussi un dispositif sceptique devient la condition de l'anthropologie.

Ainsi les textes des humanistes qui définissent un idéal d'humanité, synthèse entre l'homme chrétien et l'homme antique, ne sont-ils pas à proprement parler anthropologiques bien que sous le couvert de l'idéal ils fassent intervenir des systèmes de variation : Thomas More écrit *L'utopie*, Érasme écrit *L'éloge de la folie* ; Pomponazzi soutient que l'immortalité de l'âme est une proposition du législateur, que le mécanisme intellectuel est fonction de la disposition des organes, les mathématiciens comme Jérôme Cardan font une histoire des religions à partir des corrélations entre les climats et l'astrologie.

Paradoxalement, dans les théories de l'homme microcosme et abrégé de l'univers, avec Pic de la Mirandole et Paracelse, on peut trouver des éléments d'anthropologie justement parce que l'homme y apparaît comme une partie de la nature. Le « panthéisme » serait ainsi le nom sous lequel des lecteurs religieux ont obscurci la leçon naturaliste. C'est ce qui est arrivé à Giordano Bruno, c'est ce qui arrivera à Spinoza.

■ 4. Voir, sous ce titre, les extraits publiés par Isabelle et Jean-Louis Vissière (Paris, GF-Flammarion, 1979) avec une chronologie, une introduction et des notes.

Cependant les juristes n'ont pas en vain réhabilité l'Aristote de la *Rhétorique*, attentif à la logique des situations, transposition morale du naturaliste et de l'homme d'expérience. Machiavel écrit ainsi une logique des rôles sociaux, essentiellement articulée à la morale du *Prince*. Car la morale du Prince est la politique. Balthazar Gracian fait des portraits : le grand homme, le courtisan... et écrit un traité de rhétorique (*A gudeza y arte de ingenio*, 1647) et un traité de la sagesse de l'homme de cour (*Oraculo manuel y arte de prudencia*, 1647). On s'achemine vers l'idée d'une logique des conditions. Ignace de Loyola et sa Compagnie, après le Concile de Trente, répondent à la Réforme et aux droits de la subjectivité privée en instituant une science du monde, la casuistique, variation anthropologique qui dénie l'universelle applicabilité des normes et pose les problèmes d'une administration des choses morales. Chaque état a ses modèles et Dieu nous donne des « grâces » particulières pour remplir nos devoirs « d'état ». Le pluriel de l'arbitraire social est encore une image de la grâce et de la volonté divines.

Il y a donc toute une anthropologie qui circule dans la théologie, la morale et les autres savoirs mais aussi et surtout dans les pratiques. Naturaliser les normes, gérer les institutions, inventer les stratégies dans la pluralité des logiques sociales, c'est ce qui arrive au savant (et ce sera peut-être une autre définition de la sagesse comme économie des affaires humaines) quand il cesse d'être un clerc et se soustrait aux communautés ecclésiastiques. Il peut être représenté par des figures aussi antithétiques que Luther ou Giordano Bruno. L'appartenance à une communauté civile n'en devient pas moins problématique. Beaucoup de ces hommes sont des voyageurs, enseignent dans un pays, font imprimer leurs livres dans un autre, se font un bouclier des puissances. Comme l'ingénieur dont les cités italiennes se disputent la gloire, le nouvel intellectuel fonde sa propre école. Le savant n'est plus docteur, l'intellectuel est un voyageur. La démarche scientifique s'est émancipée des ontologies totalisantes, des sommes qui inscrivaient l'homme dans une *scala naturae* ou dans l'*analogia entis*. Les navigateurs et les géomètres ont construit d'autres réseaux : les peintres inventent la perspective, les géographes inventent les coordonnées. Contre l'architectonique, l'énumération : des modèles du savoir à l'économie politique, de Rabelais à Charles Quint, la thésaurisation est moins accumulation que variation exemplaire. Le soleil ne se couche pas sur l'empire espagnol... Le droit naturel cesse ainsi d'être l'universalisme de l'Évangile et la méthode du dominicain Vittoria, reconnaissance du droit civil des Indiens et des Barbares en général est une discussion sur les rapports entre les droits civils. La guerre contre les Indiens est-elle juste ? La décomposition scolastique de la « quaestio » fait du droit naturel une méthode d'instruction et non un paradigme : c'est reprendre la définition ockhamienne.

Cette attention aux variétés est liée à la transformation des juristes eux-mêmes. Contre les bartolistes et leur latin « impoly », jargon de corporation, secret de métier, une classe de juristes cultivés se forme avec Bodin, Pasquier, Du Rivail : méthode comparée et intégration de toutes les disciplines à la « formation » du juriste : avant d'être un pouvoir, le droit est un métier. Lorsque l'écriture était un métier, on avait fait appel aux clercs pour copier les coutumes (abbé Fleury, *Histoire du droit français*, 1674) et on avait eu ainsi un droit civil « par provision » : l'imprimerie change le public et l'emploi. Apprendre l'histoire des institutions ne fait pas seulement partie du métier de juriste mais de l'éthique de l'honnête homme.

Les historiens et les juristes de la Renaissance ont travaillé sur les variations institutionnelles. Au XVIIᵉ siècle, l'intérêt des « moralistes » se porte sur l'étude des mœurs et des passions : systèmes de relations, dont les codes, partout tacitement reconnus, ne sont jamais formellement énoncés. Des précieuses aux mystiques, la grande question est en effet le « je ne sais quoi », ce qui en théologie fait la grâce et en littérature, l'esprit. Ce sera, à la fin du siècle, en mathématiques, le problème des quantités sourdes et du calcul de l'infini. Les moralistes ne cherchent pas tant un modèle de sagesse que des modèles d'altérité. En ce sens, les passions ne sont pas un accident de la nature individuelle mais un ensemble de situations intersubjectives, de relations ; la question de la maîtrise de soi s'en trouve déplacée et chez certains auteurs, c'est une passion dominante qui joue un rôle régulateur et peut-être même le rôle de la raison auprès des autres passions.

C'est ce qui explique aussi que les moralistes prennent en même temps pour objet l'âme des bêtes et les peuples des autres mondes. De Cureau de La Chambre à Cyrano de Bergerac et à Fontenelle, du sérieux au baroque, de la typologie des passions à la typologie des êtres susceptibles de passions, la variation se veut exhaustive ; mais le partage se fait entre les traités de l'homme et les traités des passions, entre une mécanique des corps et une sémiologie du corps propre. L'exemple de Descartes est à cet égard passionnant : car *La description du corps humain* et *Les passions de l'âme* nous semblent bien être des traités d'anthropologie. Mais quelle place, quel sens leur donner par rapport aux *Méditations* ? Quelques écrivains du XVIIIᵉ siècle n'hésiteront pas à dire qu'il y a deux Descartes et que la thèse des animaux-machines était une invitation au lecteur philosophe et une protection contre le lecteur théologien (La Mettrie).

L'application de la mécanique ou plus précisément, des physiques à l'éthique ne peut se comprendre sans une géométrisation de l'univers. Galilée propose en quelque sorte à l'Église un partage des territoires qu'elle n'accepte pas. Plus habile, Descartes lui propose l'alliance de la nouvelle physique avec l'ancienne métaphysique. La démonstration de l'existence de Dieu et de la séparation de l'âme et du corps libèrent la physique mais il n'y a pas de science de l'athée.

Il peut y avoir dans l'analyse de la coutume et des signes une critique de la nature humaine et de la subjectivité qui ne soit pas une variation historique, mais plutôt une attention à la singularité : l'analogie du mécanique et du social instruit à la fois une théorie de l'histoire et une politique du savoir : construction d'édifices, concessions de privilèges, bibliothèques, collèges et académies, travaux d'édition, de traduction, de commentaires sont la condition de l'accroissement des sciences pour Bacon. À cet égard le *Novum Organum*

(1620) est exemplaire pour une anthropologie, montrant la solidarité interne d'un système de savoirs, d'une division du travail et d'un corps d'institutions, bien qu'il s'en tienne, pour le pluriel des sociétés, à la différence des Anciens et des Modernes.

L'attention à la singularité se trouve le plus souvent mise en œuvre dans des textes qui ne sont pas des traités, mais des romans, des pièces de théâtre. La passion y est le portrait d'une condition, d'une situation exemplaire : les *Caractères* de la Bruyère, le théâtre de Molière, les *Fables* de La Fontaine, les *Maximes* de La Rochefoucauld ne supposent pourtant pas la même métaphysique.

Pierre Le Moyne fait une « Gallerie de peintures morales » (1640), Louis de Lesclache présente sa philosophie morale en 50 « tables » : les actions humaines y sont déduites de deux principes, le bonheur et la grâce, et l'auteur présente une défense de la logique ou méthode pour conduire nos discours et nos actions[5]. Jean-François Senault montre dans *L'usage des passions* (1641) l'art de ménager un irrationnel qui, étant la conséquence du péché, ne peut être réduit. Abbadie écrit *L'art de se connaître soi-même* (1641) : le providentialisme s'accommode d'une mécanique des caractères où la quantité de mouvement et la direction de mouvement peuvent être cartésiennement disjoints et l'art de ménager les passions et de diriger la volonté compose avec l'art du médecin qui équilibre les humeurs. Mais l'aristotélisme subsiste aussi et on cherche un premier moteur des mouvements des passions : ce sera l'amour-propre. D'un autre côté, les atomistes font une typologie des âmes où l'âme des bêtes permet de construire des modèles d'altérité pour l'âme des hommes[6]. Mais l'analogie des hommes et des bêtes met en question le privilège de l'homme dans la nature, comme la typologie des sociétés et des religions permet de récuser la totalisation providentialiste.

Les atomistes et les libertins travaillent sur des typologies et des sémiologies. À la grande opposition pascalienne de la lettre et de l'esprit qui condamne « les peuples charnels » s'oppose la polysémie du vivant et du mondain. La critique du dogme du péché originel et de la double législation à laquelle le dieu de la transcendance soumettait l'homme se trouve mise en œuvre dans des systèmes de variation.

C'est dans un tel contexte qu'il faudrait relire le *Traité théologico-politique* de Spinoza (1670) : il propose en effet d'appliquer aux livres et aux productions théoriques la méthode expérimentale du naturaliste l'interprétation de l'Écriture ne diffère en rien de l'interprétation de la nature. Ainsi le sens d'un texte (ouvrage, collection, ou fragment) ne peut-il être identifié à l'intention d'un auteur (fût-il un ou plusieurs) mais doit être reconstruit à partir de

---

■ 5. *L'art de discourir des passions, des biens et de la charité*, ou une méthode courte et facile pour entendre les tables de la philosophie qui ont été faites par Louis Delesclache, à Paris,en 1670. Ces tables sont en cinq parties, la logique, la science générale, la physique, la philosophie morale, la théologie naturelle, publiées à Paris entre 1656 et 1666.

■ 6. Cureau de La Chambre, *Traité de la connaissance des animaux*, 1648 (Réed. O. Le Guern, Paris, Fayard, 1989). Du même auteur, voir *Les Charactères des passions*, 1648-1662. Boileau, cité par La Mettrie parmi les moralistes de ce genre, cite encore Coeffeteau, et son *Tableau des passions humaines*, de leurs causes et de leurs effets (Paris, 1620).

facteurs : l'étude philologique, le contexte historique et politique, le public et les circonstances, la condition et le tempérament du prophète ou du scribe. C'est en quoi le traité de Spinoza implique une anthropologie : Spinoza y applique les propositions de l'*Éthique*. Richard Simon, habilement essaie de sauver ce que l'érudition peut emprunter de méthodologie à Spinoza, mais dans une visée chrétienne apologétique. Autre oratorien, l'abbé Fleury écrit une histoire comparée des mœurs des Grecs, des Juifs et des Chrétiens. Que ce soit dans une visée providentialiste ou non, l'étude comparée des mœurs amène à différencier des logiques singulières qui individualisent des types d'humanité.

Ce n'est pas seulement à l'occasion de ses préoccupations juridiques, de ses activités diplomatiques ou de ses projets de fondation d'encyclopédies et d'académies que Leibniz se montre préoccupé par des problèmes anthropologiques. Mais on peut dire que c'est son épistémologie qui y conduit : le principe de continuité et les tableaux de variation exhaustifs, l'*analysis situs* et la causalité locale, la caractéristique universelle et l'idée d'une opérativité des signes ; que la partie soit miroir vivant ou abrégé du tout suppose, au lieu de la causalité transitive de la mécanique cartésienne, des relations d'expression entre des unités représentatrices. Le système des monades pourra être en quelque sorte transposé en une sémiologie de la nature et de l'univers même. Tout appétit est l'abrégé d'un savoir, tout état est l'abrégé d'une histoire.

L'histoire de l'anthropologie passe ainsi à la fois par la critique de la causalité transitive et par la critique de la fonction sujet.

Dans deux écrits sur l'origine et sur l'histoire des fables, Fontenelle réduit l'opposition du rationnel et de l'irrationnel et récuse la notion de progrès linéaire. L'analyse du discours nous montre que pour les temps anciens, il n'y avait point d'autres savoirs, d'autres histoires que les fables : les métamorphoses des anciens étaient « leur » physique. « Car la philosophie des premiers siècles roulait sur un principe si naturel qu'encore aujourd'hui notre philosophie n'en a point d'autre, nous transportons à la physique les idées que l'expérience nous fournit. » Ce que les sauvages expliquent par le geste de la divinité qui porte et verse l'eau de la rivière (techniques de poterie et de portage), les cartésiens l'expliquent par des poids, des leviers, des ressorts. En outre, dans toutes les divinités que les païens ont imaginées, ils ont fait dominer l'idée de pouvoir « car ils n'avaient rien de plus beau à donner à leurs dieux » dans des temps où l'on n'avait imaginé ni les lois de la nature ni la justice et l'équité et où l'ignorance ne rendait pas les hommes attentifs à la régularité des effets mais aux événements extraordinaires. La querelle des anciens et des modernes est la réhabilitation des peuples non-chrétiens : on n'a guère laissé aux Indiens américains « le temps d'avoir leur Archimède ». Cette attention à la différence des rythmes culturels manifeste, dans les inégalités, des équivalences et récuse les hiérarchisations d'un temps universel, à la manière de Bossuet ou de Newton. Mais on peut y lire aussi le renversement que les Lumières introduisent dans le paradigme mathématique des connaissances : désormais le modèle est dans les techniques, voire dans les pratiques.

Comme la clef de la physique est dans les pratiques, la clef de la mythologie est dans l'histoire réelle des peuples : c'est la formule qu'emploie le Président de Brosses dans *Le culte des dieux fétiches* ou parallèle de l'ancienne religion de l'Égypte avec la religion actuelle de Négritie (1760). Mais c'était déjà l'hypothèse de Bianchini (*La istoria universale provata con monumenti et figurata con simboli de gli antequi*, Roma, 1697) et de Vico (La *scienza nuova*, Naples, 1725 et 1744). Le style figuré n'est pas une détermination du contenu, les physiciens peuvent écrire des poèmes, les poètes peuvent faire de la physique.

Fréret, puis Mérian (*Comment les sciences influent dans la poésie*. Mémoires de l'Académie de Berlin, 1774) montrent qu'aucun style n'appartient en propre à une discipline, à un domaine d'objectivité : ce qui est contraire aux anciennes prescriptions du Concile de Trente. Faut-il donc prescrire le mélange ou tout au moins l'échange des genres ? On retrouve ici un dispositif des libertins érudits et ce n'est pas sans importance que de telles tactiques soient reprises.

Mais un tel dispositif reprend aussi l'hypothèse de la *Lettre sur les sourds et muets* (1751) où Diderot montre que la syntaxe est la structure de la pensée. Il est permis de se demander si Rousseau, en écrivant l'*Essai sur l'origine des langues* n'avait pas lu et médité Vico qui analyse les phénomènes des diverses époques de l'humanité comme des effets simultanés de parole, de culte et de jurisprudence. Les noms des dieux sont à la fois le signifiant de l'histoire des peuples et le monument des lois : d'où la difficulté du livre de Vico qui traite à la fois de la matière des signes et de la polysémie des pratiques humaines.

Cette méthode s'oppose donc en particulier à la réflexion sur les hiéroglyphes. Warburton (*Essai sur les hiéroglyphes*, adapt. et trad. de L. de Malpeines, 1744) et l'abbé Pluche (*Histoire du ciel*, Paris, 1739) voient dans la sacralisation des caractères de l'écriture l'origine de l'idolâtrie et du culte des animaux et des plantes. Or dans les manuscrits et les enluminures des Règles des monastères, entre le Xe et le XIIe siècles, on trouve un système de correspondance entre les signes du Zodiaque, les travaux agricoles, les fêtes des Saints : et nos auteurs tentent de lire dans les hiéroglyphes (dont les codes de déchiffrement avaient été perdus depuis l'antiquité et qui attendront la *Grammaire égyptienne* de Champollion en 1838 pour renaître) le même système de calendrier à la fois religieux et civil. Cette « exportation » d'un modèle d'une société archaïque à l'autre est plus féconde qu'il n'y paraît, elle pose une continuité historique et enveloppe la révélation dans une homogénéité où l'esprit des différents peuples trouverait son unité. Pour être violente, cette généralisation n'en est pas moins rationnelle.

Cependant, parler de divinisation ou de sacralisation, c'est supposer ce qu'on veut expliquer : qu'on divinise les pierres ou les grands hommes, l'illusion du finalisme est la même : la vraie question est quelle est la pratique qui fait des noms des êtres à part ? Voltaire (*Dictionnaire philosophique*, articles idole, idolâtre, idolâtrie), aussi bien que Fontenelle ou de Brosses, met la théorie du discours au centre des débats sur la religion. Et pourtant la question n'est pas simple, car il y a chez Pluche et chez Warburton des thèses condillaciennes sur le rapport entre la science et la langue et sur le discours figuré comme pratique.

Un autre problème traverse ces textes sur l'histoire de la religion : le sens d'un texte peut-il être confisqué au bénéfice d'un corps ? On reconnaît l'insistance de la question posée par le *Traité théologico-politique*. Mais la confiscation peut être l'œuvre d'une volonté mystificatrice ou l'effet non intentionnel de relations de pouvoirs. En outre, les Égyptiens ou d'autres peuples peuvent jouer le rôle d'alibi. Paradoxalement, les modèles volontaristes reprennent leurs droits avec la construction du positivisme et sa postulation d'un progrès de l'humanité. C'est le cas de Condorcet dans l'*Esquisse d'un tableau historique des progrès de l'esprit humain* (1793). Condorcet y concilie une logique des singularités et une histoire universelle en présentant une histoire qui passe par des « crises ». Cette périodisation organique n'est pas sans évoquer la double invocation de Cabanis à Montesquieu et à Hippocrate (*Rapports du physique et du moral dans l'homme*, an VI). La perfectibilité suppose la sommation de petits progrès et de petites régressions, la science des combinaisons et des probabilités est la théorie qui doit servir de base à l'art social, en opposant le hasard à lui-même.

Voltaire critiquant à la fois la notion de progrès et le modèle d'un ordre organique, applique le pyrrhonisme à l'histoire : avant d'être l'histoire de l'homme, elle est l'histoire du globe, avant d'être l'histoire des peuples chrétiens elle est le temps immémorial des peuples oubliés et les archives indéchiffrables des peuples pour qui la religion n'a pas compté, elle est l'histoire des mœurs, des arts et des sciences contre l'histoire politique des grands hommes et des grands événements. Voltaire dénie les ingénieux systèmes d'analogies qui permettaient de récuser la finalité et la Providence, et il dissout l'histoire universelle dans un parti-pris du détail, dans la mise en évidence de la contingence. S'il se livre parfois à une analyse linguistique, ce n'est pas pour chercher dans les langues, comme le fera Volney (*Leçons d'histoire*, 1794) le fil d'Ariane de l'histoire des peuples. Voltaire pratique une stratégie du fatras : il met au même rang le détail et l'événement, il mélange la superstition et le sublime, il fait apparaître que nous n'avons que l'apparence : cette contingence qui est théorie et non négligence a fait récuser la pertinence philosophique de son discours. La tolérance quand elle est humour et se moque du moralisme, déçoit. Un éloge de la contingence qui ne se laisse pas théoriser par le calcul des probabilités ni normer par la réhabilitation des peuples infidèles n'a guère de quoi séduire. Car quelle en est la fin ?

Dupuis, à partir de tableaux comparatifs des dieux et des mythes écrit une généalogie du christianisme et une histoire des religions : réduire la révélation par l'histoire. Les nouvelles institutions ont changé le statut de l'histoire et des historiens. Lorsque Bianchini et Vico voyaient la clef de la mythologie dans l'histoire réelle des peuples, c'était une réaction contre le figurisme qui cherchait dans toutes les fausses religions les signes et l'anticipation de la vraie. Contre l'interprétation allégorique, ils ont donc institué la règle de l'interprétation littérale, appliquant aux monuments de l'antiquité la méthode d'interprétation de la nature que Spinoza avait étendue à tous les textes. Or on retrouve dans le positivisme de Dupuis une lecture allégorique de l'histoire. Il écrit : « Nos savants ont vu dans les chants des poètes, avant les abstractions des néoplatoniciens, l'apothéose des anciens rois, au lieu d'y voir l'histoire même de la nature écrite en style allégorique » (*L'origine de tous les cultes ou religion universelle*, an III). Mais il y a comme une entité de la nature et de la science qui joue le rôle d'un moteur de l'histoire même lorsqu'elle s'exprime à travers de faux objets, les divinités et les idoles. Il faut donc « fixer l'origine, suivre les progrès et les formes variées, faire apercevoir la chaîne commune qui unit toutes ces opinions religieuses… Les aventures des dieux sont les phénomènes de la nature mis en allégories ». Il y a ainsi comme une préexistence de cette grande idée de cause universelle et de Dieu et « la nature entière et seule s'est présentée tout à coup pour la remplir ». Fontenelle, Condillac, Turgot, Rousseau essayaient de déjouer les mythes de l'origine par une problématique des commencements insensibles et des routes oubliées et perdues où l'esprit humain s'égare sur ses propres traces. Ce scepticisme est révolu, mais comme beaucoup d'idéologues et en particulier Volney, Dupuis n'en travaille pas moins sur des effets de contexte et de convergence des facteurs géographiques, institutionnels et au premier chef, linguistiques. Ainsi Dupuis dit-il que la religion est un abrégé de l'univers d'un peuple. Mais c'est qu'à ce moment de la fin du XVIIIe siècle, la polémique philosophique s'investit dans un programme politique d'éducation : la création des écoles normales et centrales, la formation des maîtres et des citoyens changent la fonction de la teneur du savoir. Mérian a montré que de l'académie à l'école, de la philosophie anglaise à la philosophie allemande, la forme sceptique ou systématique de la philosophie tenait aux structures de la société civile. Et il humorisa même sur Kant (*Parallèle historique de nos deux philosophies nationales*, 1797) prévoyant que la philosophie critique produirait un jour les effets du dogmatisme le plus absolu.

Entre l'histoire de la religion et l'histoire de l'économie, il y a bien des interférences car ce sont deux versions d'une histoire des signes, d'une histoire du pouvoir des signes. Turgot (*Valeurs et monnaies*, un article de 1769) et Court de Gebelin (*Monde primitif*, analysé et comparé avec le monde moderne, 1775-1781) ont travaillé sur cette unité : la monnaie porte l'effigie des richesses, des dieux protecteurs de la cité, des souverains. Entre les dieux, l'écriture et l'argent, l'histoire des hommes est une histoire naturelle de la société. Turgot a même esquissé une histoire économique, destinée aux Chinois (*Réflexions sur la formation et la distribution des richesses*, 1766) qui est l'histoire de la division de la terre et de son appropriation en fonction de la division du travail. Histoire économique bien différente de la périodisation de Mirabeau (*L'Ami des hommes ou traité de la population*, Avignon, 1756-1758) qui scande l'histoire de l'humanité par trois moments décisifs : l'invention de l'écriture, de la boussole et du calcul économique.

La postérité de Bacon, de Hobbes et de Locke a fait une histoire naturelle des sentiments moraux et fait subir à la religion le même traitement qu'à la politique : les passions et les discours sont décomposés en facteurs. Hume analyse des sentiments moraux, la crainte et l'enthousiasme et fait une typologie des religions mais ne l'ordonne pas à une périodisation puisque les formes religieuses peuvent subir des flux et des reflux (*L'histoire naturelle de la religion*, 1757). Cependant elle n'est pas ordonnée non plus à une logique des singularités mais à une forme universelle de l'humain.

Avant qu'on puisse interroger l'histoire des religions d'un point de vue économique et pour l'interroger d'un point de vue linguistique, il faut que l'analyse du discours elle-même ait cessé d'être normée par la recherche de sa vérité, c'est-à-dire de l'adéquation entre l'ordre des pensées, l'ordre du discours et l'ordre naturel des essences des choses. L'analyse du discours fait alors prévaloir le sens sur la vérité, la place du sujet de l'écoute sur la place du sujet de la parole, la variation des lieux et des fonctions du discours sur la nature de son objet. À la recherche d'un ordre didactique d'exposition du savoir et de ses critères de « vérité » se substituent des recherches sur la rhétorique. Dumarsais écrit son *Traité des Tropes* en 1730 mais écrit aussi une logique sur le modèle de celle de Port-royal, comme s'il ménageait les apparences. Beauzée, en revanche, dans sa *Grammaire générale et raisonnée* (1767) désigne Batteux et Diderot comme ses adversaires, parce qu'ils récusent un ordre analytique universel des pensées fondé (il ne le dit pas) sur une ontologie substantialiste : ils s'appuient en effet sur une analyse condillacienne qui fait du sujet du discours l'effet de ses opérations et de la liaison des idées l'unité de ce sujet. Un tel renversement fait prévaloir la pluralité non hiérarchisée des situations, des expressions et des publics, la variété des effets du discours en fonction des lieux (persuader, émouvoir, enseigner, commander, etc.). Dans la *Lettre sur les sourds et muets* (1751) Diderot pratique une « anatomie métaphysique » en décomposant un homme en autant d'individus qu'il a de sens, dans le *Traité des sensations* (1755) Condillac effectue sur le sujet une sorte de variation expérimentale fictive, chaque sens étant attention, réflexion, mémoire, jugement, et le toucher apprenant aux autres sens l'existence du monde extérieur.

Cet éclatement par l'intérieur en quelque sorte, du sujet cartésien est inséparable d'un éclatement du droit naturel perçu comme autant d'images du droit civil. Dans le *Supplément au voyage de Bougainville* (1771) le processus de consécration des institutions est décrit comme un processus de dénaturation : le code religieux ne s'éternise qu'en se transformant en lois civiles et nationales, tandis que les institutions civiles dégénèrent en préceptes surnaturels. Dans sa *Théorie des lois civiles* (1767) Linguet montre aussi que le droit naturel est l'image du droit civil. À partir de là, la critique de la famille, de la propriété de la terre et du droit prétendu naturel en général devient une critique historique des institutions. Ainsi, et contrairement à ce qui a lieu, aux dires de Marx du moins, avec Feuerbach, la critique du sensible est-elle, au XVIIIe siècle, critique des médiations théoriques, pratiques et juridiques qui constituent le sensible et interdisent de le penser comme un immédiat naturel.

La métaphysique expérimentale, où l'esprit humain, selon Turgot, (article Étymologie de l'*Encyclopédie*) tout en suivant le fil d'Ariane de l'étymologie, méconnaît sa route à chaque pas, la philosophie expérimentale des *Pensées sur l'interprétation de la nature* (1757), la morale expérimentale d'*Émile* (morale sensitive de l'athéisme du sage dans *La nouvelle Héloïse*)[7], reposent

---

■ 7. Voir l'article de F. Markovits sur la morale expérimentale de Rousseau : « Rousseau et l'éthique de Clarens. Une économie des relations humaines », *L'imaginaire économique*, P. Desan (dir.), *Stanford French Review* 15, 1991.

sur une logique des singularités, une analyse du sensible dans ses rapports avec les formations discursives, des systèmes de variation liés à des protocoles d'expérience ou à des discours considérés comme des expériences, et dans tous les cas l'analyse des dispositifs rhétoriques à l'œuvre et l'implication de l'observateur parmi les facteurs de l'expérience. Il est remarquable que les *Additions à la Lettre sur les aveugles* fassent paraître une éthique de la prudence, où le sujet se désigne comme objet de l'attention des autres. L'éthique ne s'organise pas comme l'instance de la loi universelle dans un sujet maître de soi mais comme une économie des passions : la bienveillance ne s'y oppose pas à l'intérêt ni l'amour à l'utile. Cette dimension spinoziste de la pensée de Rousseau a été vivement critiquée par ses contemporains.

Mais on mesure ici l'écart de *L'anthropologie pragmatique* de Kant (1798) à l'anatomie métaphysique, la distance des topiques des facultés dans les trois *Critiques* à une théorie du discours. L'anthropologie est la version empirique de la subjectivité mais ne remet pas en question le partage de l'empirique et du transcendantal. Il y a une solidarité entre la réduction du sensible à l'empirique et la hiérarchie des races humaines : loin de l'Europe, la description purement physique des « races » a le sens d'une exclusion, le transcendantal ne semble pas opérer chez nos frères (*Des différentes races humaines*, 1775-1777 ; *Définition du concept de race humaine*, 1765). La fin de *L'anthropologie* marque une ambiguïté sur la notion de peuple et il semble que la méthode historique de Montesquieu et de Rousseau, faisant de l'esprit ou de l'unité d'un peuple l'effet et non la cause de ses mœurs et de ses institutions, soit bien oubliée, il y a en effet comme une identification de la nature à un donné et toutes les considérations morales sur l'humanité comme fin et comme norme d'elle-même, en sauvant l'opposition du fait et du droit pour l'universel, fonctionnent en réalité comme un dispositif pour récuser la morale expérimentale de nos philosophes du singulier. Lorsque l'humanité est pensée comme une fin, tous les peuples accèdent-ils au tribunal de l'histoire, à l'idée d'un contrat de l'humanité ? Il semble bien qu'on relègue quelques races humaines en deçà du juridique. C'est en particulier sur ce point que se marque la différence idéologique entre Kant et Rousseau.

Un naturaliste comme Buffon s'accommode fort bien d'une théorie des facultés. La préface de son anthropologie (*De l'Homme*, 1749) est dualiste sur les rapports de l'âme et du corps. Puis Buffon traite des différents sens de l'homme en termes quasi condillaciens d'opérations et définit une sorte de modèle topologique de la connaissance par opposition au modèle optique : le toucher est enveloppe. Enfin, les *Variétés dans l'espèce humaine* traitent en termes de physique et de physiologie, ce qui est effet des coutumes et des mœurs. Il est vrai qu'il ne s'agit plus alors des Européens. Si Buffon pense l'analogie de l'histoire naturelle et de l'histoire civile pour les archives et les médailles de la terre, il ne pense pas les coutumes des sociétés et leurs codes non déclarés parce que notre perception ne les identifie pas comme des institutions.

Ces contradictions font partie de l'histoire de l'anthropologie. Ainsi l'analyse que fait Rousseau du « géant » dans *l'Essai sur l'origine des langues* est-elle aussi une réflexion sur les structures discursives de la perception : il s'agit de montrer qu'on ne parla d'abord qu'en figures, que le sens propre fut trouvé le dernier, que, dans les premières expressions, le mot eut le sens d'une proposition entière. L'univocité est le résultat d'un processus de réduction. « Géant » a donc exprimé d'abord l'effroi de la rencontre et l'incommensurable sans discerner les circonstances entre elles, sans discerner les circonstances des affections du sujet. La commune mesure est tardive, en linguistique comme en politique.

La différence des races humaines fait problème tant qu'on suppose une souche unique de l'humanité, tant que l'Écriture Sainte est l'histoire du monde. Isaac de La Peyrère osa faire l'hypothèse que c'était l'histoire d'un peuple (*Systema theologiae in Praeadamitorum hypothesi*, 1655). Rousseau demande, lui, comment saisir l'origine de l'humanité alors que les limites mêmes des peuples, après tant de migrations et de mélanges, sont devenues indiscernables. Il récuse à la fois les naturalistes et les théologiens, il y a entre eux comme une alliance objective ; l'histoire de la nature est l'effet d'un partage : on garde la causalité transitive de l'origine mais on attribue des domaines.

La note j du *Discours sur l'origine et les fondements de l'inégalité parmi les hommes* (1755) est un véritable discours de la méthode de l'anthropologie. La première question posée est celle d'un principe de continuité entre les vivants. En citant *L'histoire des voyages* de l'abbé Prévost et *L'histoire naturelle* de Buffon, Rousseau montre que la vraie question est de faire la théorie des coordonnées de l'observateur (soldat, marchand, missionnaire, naturaliste, ancien ou moderne) pour faire la théorie de la division entre l'homme et le satyre, la bête et le dieu. La méthode expérimentale consiste, paradoxalement, à écarter tous les faits car les concepts d'état de nature, de nature humaine, de droit naturel, qui les informent, sont solidaires de métaphysiques inavouées qui sont l'effet des déterminations institutionnelles des hommes. L'histoire de l'homme est donc une typologie des sociétés : chasseurs, bergers, propriétaires de terres et citadins. La critique de la société civile comme fin de l'histoire s'effectue par une analyse des conditions conflictuelles de l'appropriation de la terre. À chacune de ces sociétés, correspond un type de mœurs (les mœurs pouvant tenir lieu de lois), des formes d'échange économique, des structures verbales. *L'Essai sur l'origine des langues* travaille ainsi sur des effets de structure et non pas sur une genèse imaginaire[8]. Les cris des chasseurs, les chants des bergers, la logique de la langue du travail sont l'expression de situations où les mœurs peuvent tenir lieu des lois, où l'analyse de la cohérence des relations sociales ne repose pas sur l'implication d'un progrès.

On trouve, dans certaines histoires universelles de l'humanité (les *Idées* de Herder, par exemple, écrites entre 1784 et 1791) une dénégation des formes non juridiques de sociétés associée à une histoire des systèmes d'expression : alliance paradoxale entre deux hypothèses qui informe la problématique de

■ 8. Voir F. Markovits, *L'ordre des échanges* (Paris, P.U.F., 1986), le chap. ɪɪ consacré à Rousseau.

l'opposition entre les peuples primitifs et ceux qui témoignent d'une maturité de la raison : l'universel sert ici en fait de refuge au spirituel pourtant débusqué ailleurs par la critique des religions révélées.

D'un côté, l'universel sert de refuge au spirituel, et de l'autre le « principe » de la sensibilité physique joue comme détermination en dernière instance des actions humaines : Helvétius écrit *De l'homme* (1773) en dénonçant l'intolérable, les effets du despotisme et du fanatisme religieux. Mais ses analyses de la formation de l'homme par l'éducation, et des déterminations du pouvoir et de l'intérêt fonctionnent comme une causalité transitive. Diderot et Rousseau ont lu et commenté *De l'esprit* (1758) en marquant leur réticence à cette méthode.

Il appartenait à un médecin de récuser à la fois le mécanisme et le dualisme. Dans *L'Ouvrage de Pénélope* (1748-1750) et dans quelques pamphlets, La Mettrie montre quelle alliance s'est faite entre les moralistes [9] et les matérialistes : Marx pourra dire plus tard qu'ils se partagèrent les morceaux de la substance. Mais La Mettrie, pour dénoncer l'alliance, joue sur la duplicité. Descartes avait lui-même, dit-il, tenu un double discours, la métaphysique des *Méditations* s'adresse aux théologiens, la physique de *L'Homme* et les *Lettres* s'adressent au lecteur philosophe ; n'invitait-il pas le lecteur à étendre à l'homme la théorie des animaux-machines ? Des lecteurs opiniâtres et peu attentifs ont cru que La Mettrie l'avait fait. Mais le médecin La Mettrie n'est pas mécaniste, c'est un philosophe de l'organisation. À ce titre, il ne s'intéresse pas seulement à la variation des degrés d'organisation du vivant, mais aussi à la variété des dispositifs dialectiques, où se construit le sens d'un discours, en même temps qu'il est l'expression d'une situation et de la relation à un public.

Traitant les croyances subjectives comme des faits moraux, Montesquieu et Rousseau font valoir la réalité institutionnelle des religions, leur être de lois, la fonction qu'elles remplissent dans les divers systèmes politiques et pour expliquer les effets de conflit ou de régulation qu'elles produisent, leur homogénéité avec les lois politiques et civiles. Montesquieu analyse en juriste le problème du célibat des prêtres, le problème des biens de l'Église, ces facteurs font partie de l'économie nationale [10]. Or les lois de religion sont locales et les interdits alimentaires, la construction des temples, les cérémonies expriment des rapports de convenance réciproque entre la construction de l'espace social et des formes de religion. Si bien que la théorie des climats loin d'être la réduction du politique à la physique est la question d'une physique de la société. Question qui sera reprise par Mably, avec la même préoccupation éthique : l'objet de l'homme n'est pas le pain, mais les lois [11].

La question de la physique de la société se pose donc bien avant Auguste Comte : critique de la normativité universelle du droit naturel, la méthode des singularités se verra accuser par Voltaire de manquer de systématicité (*Commentaire sur l'Esprit des lois*, 1777) : c'est qu'elle repose sur l'analyse

---

■ 9. Cette fois, il faut prendre moraliste au sens de spiritualiste.

■ 10. Montesquieu, *L'esprit des lois*, (1748), chap. xxiv et xxv. Rousseau, *Contrat social*, (1762) IV, VIII.

■ 11. Abbé de Mably, *Doutes proposés aux philosophes économistes sur l'ordre naturel et essentiel des sociétés politiques*, La Haye, Paris, 1768.

des exemples historiques et la recherche des effets de régulation interne des systèmes sociaux. Galiani a admiré et caractérisé cette méthode qui procède par échantillons et montre qu'en changeant de contexte, une loi change de sens et change ses effets[12]. La recherche du meilleur régime devient ici une question indifférente et ce sont les variations réglées des Sceptiques, inspirées des Hypotyposes de Sextus, qui sont ici l'argument de l'histoire. La place et la fonction de l'universalité s'en trouvent changées : avec la distinction entre la nature et le principe des gouvernements, Montesquieu fait la théorie des forces qui font agir un système. Le droit est un fait : l'esprit des lois comme unité de l'histoire d'un peuple, comme cohérence de ses institutions, comme dialectique entre les mœurs et les lois, étudie les facteurs des lois et les lois comme facteurs de l'humanité. Si l'on veut bien se donner la peine de relire tous ceux qui furent les adversaires des physiocrates, version moderne de la sanctification ou naturalisation de l'ordre monarchique établi, on verra que l'alliance entre les Galiani, les Linguet, les Rousseau, les Mably est réelle et objective, qu'elle ne se confond ni avec le matérialisme militant des d'Holbach et des Helvétius, ni avec le rationalisme des Samuel Formey et Elie Luzac. Il nous semblait que la constitution historique de l'anthropologie nous invitait à suivre les déplacements des Sceptiques qui, avec Bayle et comme Boureau-Deslandes[13] ou Guer[14] pratiquent une histoire critique qu'ils définissent comme la variété et la variation des disciplines qui successivement ont constitué la philosophie ou tel autre savoir; la critique a pour objet la comparaison des facteurs. Récusant les systèmes de variation constituant le sujet par les savoirs, Kant mobilisera la critique comme une instance intemporelle et alocale puisque l'espace et le temps seront devenus les formes a *priori* de la sensibilité. Le dispositif de l'esthétique transcendantale est une puissante machine de guerre contre l'histoire critique des sceptiques. Et du reste, Kant ne s'en est pas caché. Il ne lui fallait pour cela que présenter sous une forme rationnelle les arguments des théologiens[15].

Les témoignages et les discours ne sont pas moins réels que les faits mais n'en constituent pas le sens. Il faut faire parler les pratiques et les techniques pour énoncer les médiations et le travail de la pensée. Les codes non déclarés opèrent sourdement comme les quantités inassignables qui permettent de calculer les surfaces des courbes et les forces : serait-ce donc la naissance de langues mathématiques nouvelles qui apprit au siècle de Bayle et de Leibniz qu'il valait la peine de comparer les mathématiques et l'histoire et que le modèle probabiliste de la certitude morale n'était pas le plus incertain[16] pour penser le théâtre du monde par rapport au grand livre de la nature?

■ 12. F. Galiani, *Dialogues sur le commerce des blés*, 1770 (Rééd. Paris, Fayard, 1984).
■ 13. A.-F. Boureau-Deslandes, *Histoire critique de la philosophie, où l'on traite de son origine, de ses progrès et des diverses révolutions qui lui sont arrivées jusqu'à notre temps*, Changuion, Amsterdam, 1756 2ᵉ éd.).
■ 14. A. Guer, *Histoire critique de l'âme des bêtes*, Amsterdam, Changuion, 1749.
■ 15. On comparera utilement les problématiques de deux textes : la dialectique transcendantale (*Critique de la raison pure*) et un petit écrit de Tandeau de Saint-Nicolas contre La Mettrie et autres dangereux spinozistes, recopié par nos soins et publié dans le numéro 5/6 de la revue *Corpus* consacré à La Mettrie.
■ 16. P. Bayle, *Dictionnaire historique et critique*, 3ᵉ édition, 1715, Dissertation qui fut imprimée au-devant de quelques essais ou fragments de cet ouvrage, l'an 1692, sous le titre de projet d'un Dictionnaire critique à M. Du Rondel, Professeur aux belles-lettres à Maestricht. La dissertation contient une confrontation entre la certitude de l'histoire et la certitude des mathématiques.

PARUTIONS

NOTE DE LECTURE
Jean Gayon et Victor Petit
La Connaissance de la vie aujourd'hui

Londres, ISTE Editions, 2018, 531 p.

Biodiversité, bioéthique, biotechnologies, bio tout court, la biologie est aujourd'hui omniprésente et savoir où en est la connaissance de la vie ne peut qu'être utile à tout un chacun. L'auteur en était conscient ; il souhaitait à l'évidence mettre à la disposition d'un large public l'admirable connaissance qu'il avait de ce domaine et c'est sans doute une des raisons pour lesquelles il a choisi le format « entretien », remarquablement conduit par Victor Petit.

L'ouvrage comprend six chapitres. Le premier retrace un parcours dans lequel un étudiant de philosophie n'aura pas trop de mal à se retrouver, même si les temps ont changé et si la forte personnalité de Jean Gayon se manifeste dès le début de ses études. On retiendra trois épisodes majeurs : 1) la rencontre de Georges Canguilhem, dans le sillage duquel Gayon situe son œuvre, le titre du présent ouvrage étant calqué sur celui que Canguilhem avait choisi pour un recueil d'articles publié en 1952 ; 2) neuf ans d'études de biologie avec un DEA en génétique des populations ; 3) enfin un séjour, bref mais décisif, à Harvard.

Le deuxième chapitre, *Histoire et philosophie des sciences,* aborde des questions auxquelles tout épistémologue se trouve immanquablement confronté. Outre les conceptions que s'en font les savants, qui la pratiquent, la science est en effet l'objet de plusieurs disciplines (philosophie, histoire, plus récemment sociologie), parfois en conflit entre elles et au sein desquelles il existe également de profondes divergences sur la méthode à suivre. L'auteur explique comment sa double formation l'a aidé à surmonter les clivages existants entre une approche anglo-saxonne, dite analytique, et une approche plus historique, où les Français se sont illustrés. Philosophe de la biologie, Gayon n'en était pas moins soucieux de préserver l'unité de la philosophie des sciences, menacée par l'éclatement en sous-disciplines ne s'occupant que d'une science particulière, au point qu'il faut maintenant parler de philosophie *générale* des sciences.

Suit un premier aperçu de la philosophie de la biologie, centré autour de quatre thèmes : la recherche des lois, la nature de la vie, la notion de fonction, la mathématisation. Le premier est l'occasion de protester contre la place prépondérante accordée à la physique par la philosophie des sciences. En matière de scientificité, la biologie n'aurait rien à lui envier. Il faudrait en particulier se défaire de l'idée qu'une science énonce des lois. Sont ensuite passées en revue différentes définitions de la vie, philosophiques (animation, organisation, information) puis scientifiques (capacité à persister ou autoreproduction). La notion de fonction est une source d'embarras pour les biologistes. Ils ne peuvent s'en passer, mais elle est pleine d'équivoques, comme quand on demande : quelle est la fonction de la fonction respiratoire ? Écartant les conceptions étiologique et systémique, Gayon propose de revenir à une conception plus générale, proche de l'*ergon* des Grecs, et souligne la difficulté qu'il y a à distinguer fonction et but. Sur le dernier point, il donne tort à Canguilhem et reconnaît la légitimité d'une approche mathématique des phénomènes biologiques, par exemple pour l'étude des formes, comme l'avait fait D'Arcy Thompson dès 1917.

Les deux chapitres suivants, consacrés au darwinisme et à la génétique, forment le noyau dur de l'ouvrage. La thèse de l'auteur, *Darwin et l'après Darwin* (1992), avait fait date et le lecteur trouvera, en une centaine de pages, une synthèse remarquable. Après avoir rappelé la genèse de la théorie darwinienne et ce qu'il faut entendre par sélection (naturelle, artificielle, sexuelle), puis situé Darwin dans son temps (Malthus et les économistes, Lamarck, Wallace) l'auteur retrace le chemin qui mène au néodarwinisme puis à la génétique des populations et à la synthèse moderne, et examine les problèmes conceptuels chaque fois posés.

Le chapitre sur la génétique retrace l'histoire avant d'examiner les problèmes conceptuels. La biologie a longtemps ignoré la notion d'hérédité, qui est d'abord passée du droit à la médecine, et il a fallu attendre le début du vingtième siècle pour redécouvrir des lois de Mendel. La génétique des populations qui en a résulté reposait sur l'usage des statistiques et s'est développée dans les pays favorables à l'eugénisme. Le retard de la France, puis ses succès ultérieurs, tient à la place qu'y occupaient la physiologie (Cl. Bernard) et la microbiologie (Pasteur). Philosophiquement, la génétique pose plusieurs problèmes : peut-on en conclure au déterminisme ? Quel rôle y jouent des notions comme celles d'information ou de programmation ? Quels sont les rapports entre le gène mendélien et le gène moléculaire ? ce qui nous renvoie aux questions du réductionnisme et de la traduction des termes théoriques. La génétique progresse à mesure que son concept clé s'obscurcit (p. 273).

Le dernier chapitre, *Biologie et société*, s'appuie sur les précédents pour en élargir le champ d'application. Il est ainsi question de l'évolution culturelle, de la différence entre *génétique*, *héréditaire* et *héritable*. C'est le moment où l'on quitte le domaine scientifique pour celui de l'idéologie. L'auteur se félicite de ce que la notion de race, scientifiquement vague et politiquement dangereuse, ait disparu de la biologie. Sensible au retour de l'eugénisme, il souligne le contraste entre l'ancien eugénisme et celui qui resurgit aujourd'hui sans oser dire son nom. Les questions technologiques (génie génétique, biologie de synthèse) ne sont pas oubliées. Les dernières pages reviennent alors à l'autobiographie, mais sur un mode cette fois beaucoup plus personnel, puisque l'auteur y évoque le cancer généralisé qui devait l'emporter quelques mois plus tard. Lutter contre la maladie demande du courage, vertu que Gayon décrit comme la boîte à outils des autres vertus ou, pour parler comme Darwin, comme une vertu auxiliaire. Contrairement à l'idée que le darwinisme, avec la théorie de la lutte pour la vie, agirait comme un acide qui dissoudrait la morale, Darwin faisait en effet une large place aux vertus sociales.

La richesse de l'ouvrage est telle qu'il est difficile d'en rendre compte et chacun y trouvera à glaner en fonction de ses intérêts. La plupart des analyses mériteraient d'être reprises plus en détail mais il faudra ici s'en tenir à deux ou trois points.

Darwin et l'évolution. Le problème avec la théorie de l'évolution, a dit Jacques Monod, c'est que tout le monde croit comprendre ce que c'est. Le chapitre qui lui est consacré est donc particulièrement bienvenu. Il commence par rappeler que Darwin n'a parlé que tardivement d'évolution, sous l'influence de Spencer, et qu'il distinguait clairement deux volets dans sa théorie : l'un descriptif, taxinomique, la descendance avec variation, l'autre explicatif, le premier phénomène étant attribué au processus de la sélection naturelle. C'est sur ce dernier que se concentre toute la discussion.

Avec la « synthèse moderne », élaborée essentiellement aux USA entre 1930 et 1950, les darwiniens réussissent à marier deux langages, ce qui leur permet d'affiner leurs analyses. Si synthèse il y a, c'est qu'elle résulte d'un travail qui mobilise l'ensemble des disciplines biologiques. Tout repose désormais sur la génétique des populations, qui permet de clarifier l'idée de descendance et surtout de préciser la part qui revient à la sélection naturelle dans les processus évolutifs, car il serait faux de croire que celle-ci suffise à expliquer l'évolution. Une autre étape importante a été franchie en 1970 quand Richard Lewontin a proposé de lever la contrainte malthusienne, qui veut que l'effectif d'une population soit limité par les subsistances disponibles, et d'étendre le principe de sélection à toute population d'entités susceptibles de variation, de reproduction et d'héritabilité. Se pose alors la question de savoir à quel niveau opère la sélection : l'unité de sélection est-elle le gène, l'organisme, ou le groupe ?

À la fin de sa vie, Darwin avait accepté la suggestion de Spencer, qui identifiait sélection naturelle et survie du plus apte et les pages consacrées à la *fitness* sont peut-être parmi les plus éclairantes de l'ouvrage. Il convient tout d'abord de reconnaître les limites du pouvoir explicatif de la sélection naturelle. Non seulement elle n'explique pas le tout de l'évolution (p. 286 : condition ni nécessaire ni suffisante pour qu'il y ait changement évolutif), mais contrairement à ce qu'on croit souvent, loin d'expliquer la variation, qui est aléatoire, elle la présuppose, et c'est pourquoi d'ailleurs elle permet d'évacuer la finalité. En revanche, elle explique l'adaptation, et elle est seule à l'expliquer, au point qu'on peut se demander si plutôt qu'une théorie de l'évolution, Darwin ne nous aurait pas donné une théorie de l'adaptation. Mais le concept de *fitness*, qu'on ne sait trop comment traduire en français, est gros d'une foule de confusions. Les *fitness clubs* sont des salles de sport, et on a depuis longtemps souligné ce que la notion a de circulaire : qui sont les plus aptes ? ceux qui survivent. Qui survit ? les plus aptes. Il importe donc de distinguer soigneusement, la notion commune et la *fitness* darwinienne, i.e. la valeur sélective, dont on peut mesurer les effets, mais qui échappe à toute prise directe.

On est ainsi renvoyé à la structure logique de la théorie de l'évolution. « Plus j'y réfléchis, plus je suis convaincu que le principe de sélection naturelle a le caractère d'une vérité *a priori* ou comme disent les logiciens, une tautologie, c'est-à-dire une proposition vraie en vertu de sa forme » (p. 123 ; *cf.* 290). L'affirmation a de quoi surprendre, puisqu'elle revient à vider de tout contenu empirique la sélection naturelle, qui serait ainsi à l'abri de toute réfutation, mais perdrait aussi du même coup tout caractère scientifique. La difficulté tient au statut accordé à la génétique des populations, qui se présente comme une théorie mathématisée. Mais *théorie mathématisée* ne veut pas dire *théorie mathématique* et le nom même de la discipline indique qu'elle traite du monde réel, qu'il y est question de gènes, de populations. Dès le départ, ces concepts sont censés désigner des phénomènes naturels et, tant que leur contenu empirique n'est pas fixé, la théorie est inachevée. Haldane (p. 273) comparait la génétique des populations à la mécanique classique, et plus personne ne fait aujourd'hui de la mécanique rationnelle une discipline *a priori*, branche des mathématiques, comme cela a pu être le cas autrefois.

Biologie et société. Ce qui est dit des diverses applications de la biologie et des vues qu'elle apporte sur des questions d'actualité n'est pas moins remarquable. À commencer par la biodiversité, partagée entre deux approches (p. 469-472). L'une, systématique, s'intéresse aux lignées d'être vivants, à la création et à la disparition d'espèces ; l'autre, écologique, à la structure des communautés biologiques et des écosystèmes, dont elle cherche à évaluer les capacités à s'adapter. La première risque de conduire à une vision sentimentale des problèmes de conservation. Toute disparition d'espèce est présentée comme une catastrophe et c'est comme s'il s'agissait de construire une nouvelle arche de Noé ; à quoi s'ajoute la convoitise des différents lobbies, pressés de s'approprier cette énorme masse d'information génétique. D'un point de vue moral, enfin, on oppose aux théories centrées sur la dignité de la personne humaine une éthique biocentrée, qui attribue la même valeur à toute forme de vie. Pour l'approche écologique, la disparition d'une espèce est beaucoup moins dramatique. Procédant d'une vision résolument hiérarchique du processus évolutif, elle considère des niveaux d'intégration plus élevés que la population : dans les écosystèmes, des espèces peuvent éventuellement être remplacées par d'autres qui joueront une fonction analogue. Notre espèce est dans une relation constante de coévolution avec les autres espèces et c'est là que se situe le véritable enjeu.

L'ouvrage donne encore un excellent état des lieux sur ce sujet toujours tabou qu'est l'eugénisme. Sélection artificielle de l'homme par l'homme, il était normal que les darwiniens y accordent un intérêt particulier, et ce qu'on appelait alors *eugénique* a contribué au développement de la biologie. Mais il s'agissait d'un eugénisme social, visant à améliorer la race en favorisant les reproducteurs d'élites, et l'on sait où cela a conduit. La condamnation unanime qui a suivi n'a toutefois pas empêché le retour discret d'un nouvel eugénisme, non plus social mais individuel. Avortement thérapeutique, diagnostic préimplantatoire, PMA, détection des maladies génétiques, c'est bien d'eugénisme qu'il s'agit. Mais l'idée d'un progrès social est si totalement absente que les anciens eugénistes y auraient plutôt vu des pratiques dysgéniques (p. 407). La situation est trop complexe, estime Gayon, pour qu'il soit possible de condamner l'eugénisme dans l'absolu ; mais il souligne les limites d'une représentation purement biologique et médicale de l'infirmité et juge la notion de traitement social de l'infirmité très utile pour apprécier les problèmes moraux posés par la nouvelle génétique. Les questions liées aux biotechnologies appellent des réflexions du même ordre. À l'époque des techno-sciences, les techniques ne sont plus des applications et le biologiste peut être amené à adopter un point de vue d'ingénieur. C'est le cas notamment de la biologie de synthèse. Le plus souvent, il ne s'agit que d'exploits techniques, visant à exploiter un marché juteux. Mais elle possède aussi une dimension théorique : écrire, et non plus seulement lire, le livre de la vie. La production d'une « vie minimale » se heurte toutefois à des obstacles aujourd'hui encore insurmontés. Dans le cas des programmes d'amélioration (ou d'augmentation, *enhancement*) humaine, la question est de savoir s'ils concernent les buts de la médecine, ou simplement ses moyens. L'exemple du dopage sportif montre la difficulté à tracer une frontière bien définie entre thérapie et amélioration. En revanche, il serait très dangereux de transformer les médecins en biocrates et de leur demander d'améliorer l'être humain ; ils ont déjà assez à faire en soignant. Sur le transhumanisme, dont on fait tant de bruit aujourd'hui, le jugement est beaucoup plus sévère, puisqu'on peut y voir aussi bien la volonté de prendre le contrôle du processus évolutif que le prolongement de la cosmétologie ou de la chirurgie esthétique.

Biologie et physique. Un dernier point, plus problématique, concerne les rapports de la physique et de la biologie, l'auteur reprochant à la philosophie des sciences d'avoir privilégié indûment la première au détriment de la seconde. Certes, longtemps négligée, pour ne pas dire inexistante, la philosophie de la biologie est devenue en un demi-siècle une des branches les plus florissantes de la philosophie des sciences. Cette montée en puissance inviterait à revenir sur l'idée qu'on se fait de la science. La focalisation abusive sur la physique aurait conduit en particulier à accorder une place excessive à la notion de loi. S'il est vrai que la physique énonce des lois, ce n'est plus le cas de la biologie. C'est à tort qu'on aurait parlé de lois de Mendel (p. 121) : celles-ci comportent des exceptions et il serait plus prudent de parler plus simplement de modèles. Plutôt que de chercher, comme l'auteur avoue s'y être longtemps appliqué (p. 295), à faire de la sélection naturelle une loi de la nature, mieux vaut admettre qu'il n'y a pas de lois en biologie (p. 125) et faire du principe de sélection naturelle une vérité *a priori*. Mais les difficultés posées par cette dernière position ont déjà été signalées. Plus généralement, il n'est pas sûr que la volonté affichée de s'affranchir de la tutelle de la physique soit fondée. Si on veut comprendre ce qu'est une science expérimentale, c'est toujours du côté de la physique, et non de la biologie, qu'il faut se tourner. Par là, Il ne s'agit bien entendu pas de nier la scientificité de la biologie mais plutôt d'admettre qu'elle illustre moins bien que la physique ce que c'est qu'une science au sens moderne du terme. Bien plus, conserver à la physique sa prééminence épistémologique, ce n'est en aucune façon minimiser l'importance de la biologie, qui reste pour la philosophie un objet privilégié ; mais cette place, elle la doit non à sa scientificité, à sa méthode, mais à son objet, le vivant. Enfin, il peut être dangereux de chercher à minimiser le rôle des lois en science. À la question de savoir pourquoi l'Europe l'a emporté sur la Chine, qui pendant longtemps l'avait devancée, Needham répondait : c'est parce qu'il manquait à la Chine l'idée de loi de la nature.

Les multiples fonctions qu'a exercées l'auteur ne lui avaient pas laissé le loisir de composer beaucoup d'ouvrages. Ce livre, où il a mis le meilleur de lui-même, n'est pas seulement son testament philosophique ; il est appelé à devenir, et à rester pour longtemps, un ouvrage de référence. « J'ai la réputation d'avoir des positions prudentes et mesurées », nous dit l'auteur. On appréciera tout spécialement le ton modéré dont il ne se départit jamais, même sur des sujets aussi clivants que ceux des rapports de la biologie à la société. Enfin, il convient de souligner la part, discrète mais tout à fait capitale, qui revient dans tout cela à Victor Petit. L'intelligence avec laquelle il a mené ce dialogue fait de lui un véritable co-auteur et il faut lui être reconnaissant de nous avoir permis de lire un ouvrage qui n'aurait jamais vu le jour sans lui.

Michel Bourdeau
IHPST

PARUTIONS

NOTE DE LECTURE
Aurélien Robert
Épicure aux enfers.
Hérésie, athéisme et hédonisme au Moyen Âge

Paris, Fayard, 2021, 367 p.

La contextualisation historique d'un philosophe, d'une école philosophique ou d'un phénomène philosophique est un moment analytique important et nécessaire. Pourtant, elle est parfois mal reçue par les philosophes de profession, qui ont une tendance lourde à abstraire la philosophie de son historicité. En témoigne récemment la réception, très contrastée et parfois négative, d'un autre ouvrage d'histoire de la philosophie très important, *L'Événement Socrate* de P. Ismard en 2013. Souhaitons donc pour commencer au très beau, au très important livre d'Aurélien Robert le succès et l'attention qu'il mérite au sein de la communauté philosophique française.

Le livre d'A. Robert aborde le problème de la *damnatio* épicurienne au Moyen Âge à partir de la notion d'hérésie : il renvoie dès l'introduction aux travaux de Alain Le Boulluec, qui tranchèrent en leur temps avec l'approche confessionnelle de cette notion, montrant que l'hérésie est avant tout le nom donné à ce qui n'est pas devenu l'orthodoxie. Par ce biais, en filigrane parfois, on retrouve tout le paradoxe de la réception épicurienne, qui a pu aller, comme le montre très bien l'auteur, de la critique d'une concurrence culturelle entre les jardins épicuriens et les premiers cercles chrétiens – ce qu'on a pu appeler dans l'historiographie récente la lecture paulinienne de l'épicurisme –, jusqu'à l'anathème hérésiologique.

Cet anathème fonctionne en réalité par projection : il permet d'appliquer une partition très confessionnelle du monde, entre orthodoxes et hétérodoxes, là où, comme le démontre l'ouvrage d'A. Robert, la réalité offre plutôt un nuancier de gris, et montre des manœuvres posthumes d'appropriation ou d'expropriation progressives : qualifier Épicure d'hérétique est surtout une façon négative de valider l'orthodoxie chrétienne, lui reconnaître une forme de sagesse ou de grandeur morale, une façon d'enrichir la compréhension chrétienne du monde.

Sur la notion même d'hérésie, l'ouvrage d'A. Robert est, de façon plus inattendue, au-delà du cas spécifique de l'épicurisme, l'occasion de poser dans la première partie quelques éléments analytiques bienvenus qui montrent l'enracinement de la posture hérésiologique dans le sectarisme antique. L'auteur explique comment les écoles philosophiques païennes ont créé les conditions d'une floraison hérétique à partir de leur très fort besoin d'identification, aussi bien diachronique (inscription discursive de la secte dans une histoire de la philosophie) que synchronique (distinctions doxographiques permanentes avec les sectes concurrentes). La chasse aux hérétiques, sous forme d'épuration des dissidents dont il convient de se démarquer, est un héritage direct de la sociologie philosophique de l'Antiquité, et se pratique dans le cas de l'épicurisme au sein même du Jardin historique. Toute *kakophonia* des opinions est déjà une catastrophe pour les écoles philosophiques – la philosophie ayant d'emblée une vocation « catholique » qu'on a toujours tendance à édulcorer.

Une inflexion importante se produit à la période médiévale, au moment où se vulgarise l'identification biblique de l'épicurien et de l'hédoniste (identification concentrée dans l'adage « mangeons et buvons car demain nous mourrons ») ; l'épicurien devient alors une figure repoussoir qui se réincarnera bien plus tard dans celle du libertin. L'épicurien est à présent l'autre du croyant, et la dénonciation de l'hérésie connote une méfiance face à ce qui n'est plus perçu seulement comme une posture individuelle, mais comme un véritable agenda politique. Un trait remarquable et mis en valeur par le livre d'A. Robert dans sa IIᵉ partie, est que cette dénonciation se retrouve, quasiment à l'identique, dans les trois monothéismes : christianisme, judaïsme, islam : « la catégorie de l'épicurien hérétique [est] la mieux partagée du monde » (p. 74).

A. Robert propose dans la IIIᵉ partie du livre de nombreux éléments, au-delà des lieux communs hérités de cette lecture biblique, de compréhension philosophique et théologique pour élucider les causes de cette ambivalence entre une incompatibilité revendiquée entre l'épicurisme et la culture médiévale chrétienne, et la fascination exercée par le personnage d'Épicure lui-même auquel on reconnaît une nature de sage, et dont la doctrine ne paraît pas univoquement haïssable ; parmi ces causes théoriques de rejet on relèvera notamment le déisme abstrait et l'anti-providentialisme, la question de la mortalité de l'âme ou mortalisme, la morale sexuelle. La question du mortalisme est notamment traitée dans le cadre de l'étude du renouveau de la prédication populaire, et de la « théologie des vanités » qui la nourrit, à la charnière des XIIᵉ et XIIIᵉ siècles.

Dans cette histoire longue de la réception médiévale de l'épicurisme, certains protagonistes sont particulièrement décisifs. Ainsi de Dante, auquel est consacré le chapitre IX, chapitre qui nous a paru particulièrement remarquable en ce qu'il souligne à merveille la subtilité de la position du poète florentin vis-à-vis de l'héritage antique, et qu'il la situe au sein d'une ambiguïté plus générale qui conduit selon A. Robert les lettrés médiévaux à osciller entre deux figures de l'épicurien : la figure du pourceau, hédoniste et jouisseur, athée et damné, et celle du doux penseur dont la sagesse est idéalisée et reconnue. On adoucira peut-être légèrement la lecture d'A. Robert, qui surligne des tensions à la limite de la contradiction dans les reprises dantesques de l'épicurisme, là où l'on peut surtout retrouver la trace d'un traitement différencié semblable à celui que Dante propose finalement pour tous les philosophes de l'Antiquité. Dante écrit juste avant la redécouverte bibliologique du patrimoine grec, sa lecture est une lecture de seconde main, très latinisée, tributaire notamment de Cicéron et de Boèce qui proposent eux-mêmes une lecture très critique et dialectisée de l'épicurisme.

Mais il n'en reste pas moins que cette ambivalence est réelle, qui conduit à distinguer, comme le fait explicitement Jean Gerson (p. 183-184), le sage historique de sa caricature créée pour l'édification populaire, et mérite l'examen sérieux qu'en propose A. Robert notamment dans la IVᵉ partie de l'ouvrage. L'auteur y montre que cette réhabilitation parallèle d'Épicure, effectuée par les savants au moment même où les prédicateurs condamnent la figure de l'épicurien à la *damnatio*, parcourt la production intellectuelle médiévale depuis le XIIᵉ siècle au moins et prépare en réalité la soi-disant redécouverte de la Renaissance.

Savoureuse est également la Vᵉ partie de l'ouvrage consacrée au traitement médiéval de la morale sexuelle épicurienne. Il s'agit là d'un des aspects peut-être les plus malmenés et caricaturés de l'éthique épicurienne – et A. Robert montre par son étude que sur ce plan, les témoignages médiévaux sont en réalité plus fins que les lectures modernes parce qu'ils ont su reformuler au sein même de l'épicurisme, pour mieux la critiquer, une tension qui est réelle et qui est un point contradictoire de la doctrine. Le chapitre XIII, consacré à la lecture médicale des thèses épicuriennes sur la diététique sexuelle, en particulier au sein de l'école de Salerne, est riche d'enseignement sur la bienveillance des savants médiévaux pour un certain épicurisme envisagé comme ascèse, au point que le rigorisme prêté à Épicure lui est même parfois reproché, au profit de doctrines diététiques supposées plus favorables au plaisir. Que l'ascèse radicale prêtée au philosophe du Jardin corresponde ou non à une réalité historique, on ne peut qu'être frappé de la régularité avec laquelle il est sollicité et mentionné dans les textes médicaux et physiologiques cités par A. Robert ; si l'épicurien est aux Enfers, Épicure est quant à lui une source permanente pour les penseurs médiévaux du corps et de la santé.

Le plus grand acquis de cet ouvrage dense, riche, fort bien écrit et pour tout dire passionnant, est qu'il met un terme probablement définitif à la lecture hagiographique qui fait de la redécouverte du manuscrit de Lucrèce par Poggio Bracciolini un point de départ de la lecture européenne de l'épicurisme : « le retour d'Épicure à la Renaissance est un mythe » (p. 311). A. Robert démontre sans retour possible que l'épicurisme antique est un objet bien identifié, bien saisi et subtilement analysé dès le début de la période médiévale, et que la Renaissance ne doit pas être en cette matière envisagée comme une rupture décisive, mais comme une étape au sein d'une route déjà longue. Si le renouveau bibliologique déjà évoqué renouvelle, par un accès plus facile au texte original, la compréhension de la doctrine épicurienne, il ne la crée pas de toutes pièces ; la lecture de Lucrèce à partir du XVᵉ siècle se produit dans un monde déjà imprégné de doctrine épicurienne, et s'inscrit dans un paysage intellectuel qui est déjà un paysage de réception et non d'invention. C'est un gain historiographique important, appuyé sur une documentation incontestable, et nous espérons que cet apport majeur aux études épicuriennes françaises recevra à ce titre tout l'écho qu'il mérite dans le milieu académique mais aussi – et peut-être surtout – au sein du grand public cultivé.

Julie Giovacchini
Centre Jean Pépin – UMR8230 CNRS-ENS-PSL

ABSTRACTS

Varia

Is there any Play in Standards and Concepts?
Adjustment to Concrete Cases
Isabelle Pariente Butterlin

The question of the implementation of law could be construed as meant to require the adjustment of law to particular cases. I shall try to examine how the new conceptual tools offered by analytical philosophy allow us to reassess that well-known and quite fundamental philosophical question, since Plato and Aristotle. For the past ten years, American legal philosophers – Endicott and Soames in particular – have taken up the question of epistemic and ontological vagueness. I propose to highlight some results thus obtained, while presenting the metaphysical aspects requested by these concepts. I shall therefore question the point of contact between contemporary metaphysics and philosophy of law, to show how a classic question can be rethought in the light of a very specific example, that of negligence (in the relation between parents and children).

Of Externalisms. Davidson versus Putnam and Burge
Mounir Tibaoui

In this paper I shall try to show that Davidson's externalism represents a decisive shift in analytical discussions concerning the individuation of mental states, and thus stands out from Putnam's and Burge's "Twin-Earth" externalisms. Such a shift, in my opinion, is expressed by an event ontology. Its interest and scope can be understood in more than one way. On the one hand, it makes the Davidsonian version of externalism invulnerable to the objections often raised against Putnam and Burge. On the other hand, it makes it possible to dismiss both the thesis of the incompatibilists who argue that externalism is incompatible with a privileged self-knowledge and that of the sceptics calling into question the possibility of any kind of knowledge of oneself, the external world, and other minds.

Nausea: a Dynamic Interpretation
Charles-André Mangeney

In this paper I shall try to use the phenomenological method to provide a description of nausea from a dynamic perspective, against traditional contingency-based analyses. It is about seeing that nausea must be conceived by using the distinction between subjective motor skills and subjective mobility resulting from motion's changing into locomotion. Being in motion without moving, the subject is there likely to consider at the same time the external world and the cabin of his vehicle as the motionless ground against which only his mobility will be possible. Nausea will be then the experience of the loss of our sense of belonging through its own multiplication.

How to Love with Words
Affectivity and Mental Speech in Saint Augustine's Thinking
Anne de Saxcé

I shall offer to analyze the Augustinian theory of the mental speech. Augustine proposed two cognitive models, illumination and mental speech, but he did not thereby develop two theories of language, one of reception and one of communication. The Augustinian mental speech is the command given to oneself to live according to truth. In this theory, desire takes precedence over truth and generates it. But such a generation is only possible over time, so that one's hope to reach the full truth one day does not require only desire, but also the detour by meaning of which the primary medium, given our temporal condition, is affectivity, in the form of hope.

FICHE DOCUMENTAIRE

2ᵉ TRIMESTRE 2021, N° 165, 112 PAGES

Dans ce numéro, il est successivement question de l'ajustement de la norme et des concepts au cas concret, de la spécificité de l'externalisme de Davidson, d'une approche phénoménologique non sartrienne de la nausée, du verbe intérieur dans la philosophie d'Augustin.

La rubrique Situations republie *Éléments pour une histoire de l'anthropologie de la Renaissance au XVIIIᵉ siècle* de F. Markovits et A. Pessel.

Mots clés

Affectivité, Aristote, Donald Davidson, épistémologie, états mentaux, externalisme, Hilary Putnam, loi, nausée, norme, phénoménologie, philosophie de l'esprit, philosophie du droit, Platon, saint Augustin, Sartre, Tyler Burge, vague, verbe intérieur.

« Chemins philosophiques » est une collection ayant pour objet de présenter dans chaque volume une notion philosophique, la problématique qui lui correspond et deux textes commentés qui lui sont relatifs.

Qu'est-ce que le transhumanisme?

Alain Gallerand

Le transhumanisme entend utiliser les technologies les plus sophistiquées pour augmenter les capacités humaines et repousser les limites naturelles. Cet avènement d'un homme nouveau, amélioré, auquel le décryptage du génome humain donne un élan sans précédent, soulève cependant bien des questions.[...]Une évaluation morale de cette nouvelle anthroptechnie matérielle est donc plus que jamais nécessaire. [...]C'est pourquoi, dans une éthique libérale soucieuse de concilier les libertés individuelles, la question du corps propre, envisagée selon le principe d'autonomie, et celle du corps d'autrui, auquel doit s'appliquer le principe de non-nuisance, appellent chacune un traitement spécifique.

Vrin - Chemins Philosophiques
128 p. - 11 × 18 cm - 2021
ISBN 978-2-7116-2996-1, 9 €

Qu'est-ce que le temps?

Baptiste Le Bihan

La philosophie contemporaine du temps voit s'affronter deux conceptions du temps : celle du devenir qui identifie la réalité naturelle à un présent en constant renouvellement et celle de l'univers-bloc qui assimile la réalité naturelle à un espace-temps étendu dans quatre dimensions. Cette dernière approche implique notamment que les événements qui nous semblent passés et futurs sont tout aussi réels que les événements présents et que les êtres humains, bien que mortels, sont des êtres éternels. L'auteur défend cette théorie de l'univers-bloc en montrant que le raisonnement philosophique et les avancées les plus récentes de la physique contemporaine s'accordent à montrer que ce monde quadri-dimensionnel est bel et bien le nôtre.

Vrin - Chemins Philosophiques
128 p. - 11 × 18 cm - 2019
ISBN 978-2-7116-2932-9, 9 €

Qu'est-ce que le patriotisme?

Louis Lourme

Le patriotisme a désigné des choses très variées selon les lieux, les auteurs et les époques, à tel point qu'il est parfois délicat de comprendre ce que peut vouloir dire celui qui dit simplement « aimer sa patrie ». Car qu'est-ce qu'une « patrie » à proprement parler? Est-ce un territoire particulier? Est-ce une histoire? Un peuple? Est-ce un projet politique? Et d'où tire-t-elle sa valeur pour celui qui dit y être attaché? Comment se fait-il en effet que certains puissent être prêts à des sacrifices par amour pour elle, quand d'autres sont hermétiques à un tel attachement? Cet ouvrage propose une analyse de la notion de patriotisme qui part non seulement de son histoire ou de ses différents usages possibles, mais aussi des principaux enjeux qu'elle soulève et des critiques fondamentales qu'elle suscite [...].

Vrin - Chemins Philosophiques
120 p. - 11 × 18 cm - 2019
ISBN 978-2-7116-2852-0, 9 €

Derniers dossiers parus

Cahiers Philosophiques

BULLETIN D'ABONNEMENT

Par courrier : complétez et retournez le bulletin d'abonnement ci-dessous à :
Librairie Philosophique J. Vrin - 6 place de la Sorbonne, 75005 Paris, France
Par mail : scannez et retournez le bulletin d'abonnement ci-dessous à : fmendes@vrin.fr
Pour commander au numéro : www.vrin.fr ou contact@vrin.fr

RÈGLEMENT

- ❑ France
- ❑ Étranger

- ❑ Par chèque bancaire :
à joindre à la commande à l'ordre de
Librairie Philosophique J. Vrin

- ❑ Par virement sur le compte :
BIC : PSSTFRPPPAR
IBAN : FR28 2004 1000 0100 1963 0T02 028

- ❑ Par carte visa :

_ _ _ _   _ _ _ _   _ _ _ _   _ _ _ _

expire le : _ _ / _ _

CVC (3 chiffres au verso) : _ _ _

Date :

Signature :

ADRESSE DE LIVRAISON

Nom

Prénom

Institution

Adresse

Ville

Code postal

Pays

Email

ADRESSE DE FACTURATION

Nom

Prénom

Institution

Adresse

Code postal

Pays

ABONNEMENT - 4 numéros par an

Titre	Tarif France	Tarif étranger	Quantité	Total
Abonnement 1 an - Particulier	42,00 €	60,00 €		
Abonnement 1 an - Institution	48,00 €	70,00 €		
			TOTAL À PAYER :	

Tarifs valables jusqu'au 31/12/2021

* Les tarifs ne comprennent pas les droits de douane, les taxes et redevance éventuelles, qui sont à la charge du destinataire à réception de son colis.